天津祝詞考
天都詔詞太詔詞考

平田篤胤
大国隆正

天津祝詞考

平田篤胤

是の天津祝詞考は、めでたき大祓詞の古伝は天津祝詞乃太祝詞事を宣れと云ふ此乃良波云々、天乃言太詔刀云ふ世に古き事をそ無浅之の字くら不審みあまたの心を来しくて勤むの手探くさらぬ中箱の中より探りのあ覓求め始めて遂に尋ねよ得られ

お保かる如のまてりの名は重き器よ
山すかなきすは欽多ゝ字猶むま画
者たよ如ルみゝるなゝは苦労の学き
すゝ従太諸禄すは乏傳多き字
第代よ学とちよ傳まかしと云ふ
於しとも苦学の徒如る慎のたは主
固しし心は此とめは写本まて秘免

植白いはい昌升稿本を其まゝ出来
むか殊に慨き歎きて筆取能せの
人はあるへしとまほるを因先生の
こゝをまなひてまよきその稿本の
板にゑりつけて世に拡まらまほしく
其由をかしこみ自ら筆を染て
也そのこと信に其なりとおもひたるなり

こたひ歌舞妓の番付の集あつめの
数々難きを対照字に撰ありて
ぬきかきのしつる時は弘化のころなりし
年號七月の十日ゆまとむ二日の日ま
奈良あき季な
佐眞國伊勢里人筆田芳亂

大祓太詔刀考の巻首にしるす

禊《ミソギ》祓《ハラヒ》の神事《カムワザ》はしも。神《カム》伊邪那岐ノ大神の。豫母都國の穢《ケガレ》を祓ひ給へるにはじまりて。速《ハヤ》須佐之男ノ大神の。天津御國の御《ミ》荒《アラ》びに就《キ》て。古の事有《リ》しより次《ツギ》〱。御《ミ》世《ヨミヨ》〱絶《タエ》ず行《オコナ》ひ給ふるも。天乃下治《ヲサ》め給ふ大御政事の中に。最《モト》も重《オモ》き神事なればぞ有し。然るに中《ナカ》比御世ごろ。漢學《カラマナ》び佛意の弘《ヒロ》まれる余りて。此ノ神事も粗略《オロソカ》になり。其《ノ》詞をも讀謬《ヨミヒガ》めき。靈幸《タマチハ》ふ神の御《ミ》稜《イ》威《ツ》も幸《チハ》ひなく。世の中に。千《チ》速《ハヤ》ぶる禍《マガ》事《コト》ども多く有《リ》けるを。甚《イト》歎《ナゲ》かはしき事にこそ。然《シカ》しも衰《オトロ》へゆきより終《ツヒ》に至て。其《ノ》天津祝詞をさへに失《ウシナ》ひて大祓《ノ》詞さしも其《ソレ》なりと思ふばかりに成《ナリ》來《コ》しを。甚《イト》も慨《ウレタ》く。いとも悲《カナシ》き事の極《キハミ》なりけり。大祓《ノ》詞のみ有《リ》て。天津祝詞のなきは譬《タト》へば。

國に君無く。家に人なき如くになる。詮《カヒ》なきことにこそ。斯《カク》て縣居鈴ノ屋兩《フタリノ》大人は。大祓ノ詞をし考《カムカヘ》訂《タヾ》さる。解《トキ》說《ゴト》をも加《ソ》へられたるにて。最《イト》正《タヾシ》くも成《リ》れる物から。彼ノ天津祝詞には。心《コヽロ》付《ヅキ》給はぬ叙有けるを。さて我が父。年頃此の事を歎《ナゲ》き思ひに餘《アマ》りて。朝夕に。天地の諸《モロ》神《ガミ》等《タチ》に幣《ヌサ》おきて。乞《コヒ》祈《ノミ》申されける驗《シルシ》ありけむ。其ノ天津祝詞をし。速《ハヤ》くも見《ミ》顯《アラ》はし。數多《アマタ》の巻々參考《マジヘカムカ》へ。其ノ正文《マサコトバ》を改め記しつる。注解《トキゴト》をさへに爲《ナ》し給へりけれど。其ノ大御詞の彌《イヨヽ》かしこく。いよゝ尊《タフト》く所年仰《アフ》ぎ奉らるゝ。斯《カ》く有《リ》て。彼ノ大人等乃訂正《タヾシ》さまへる。大祓ノ詞と同《レ》く。最《イト》も珍《メデ》たき古《ヘ》ぶり。御《ミ》寶文《タカラブミ》とぞ稱申《タヽヘ》すべき。なれ本をめ直毘《ナホビ》の御靈の。運《メグ》り來《キ》けるにや有《リ》けむ。大凡《ツ》二百年餘りかのこのた。古《ヘ》學の道起《オコ》り初《ソメ》けるなり此ノ神事《カムワザ》も。さてや彼処《カシコ》を。執行《トリオコナ》ふ者も出來つゝ。枉業等《マガワザドモ》は薄《ウス》らぎて。物どもを古に復《カヘ》るべき狀《サマ》の。かとく見え來《コ》しは。彼ノ凶《マガ》事《コト》に。吉事《キ》いとど道理《コトワリ》にて。いどく憘《ウレシ》くれむ。いかで天地の大御神たち。辭別《コトワケ》てば祓戸ノ大神たち。相宇豆那《アヒウヅナ》ひ。相《アヒ》口會《クチアヘ》給ひき。次ゝこは神事は。眞盛《ミサカリ》に成《リ》行《キ》て。挂巻も畏《カシコ》かれども。

天皇命の大《オホ》朝廷《ミカド》よりはじめて。大八洲《オホヤシマ》の國々處々を。預《アヅカ》り治め給ふ諸侯方《キミタチ》までも。古に立《チ》かへりて。此ノ神事《カムワザ》をし普《アマネ》く廣く執リ行ひ給はむ由もあれ。かしこみ〱母かく申れも。父に隨《シタガ》ひて。學問《マナビ》の道に仕奉《ツカヘマツ》らむ年をも考ぬ。平ノひらた篤眞。かく記せる時は。文政ノ五年を云としの五月十六日。

大祓太詔刀考

平篤胤謹撰述

門人
參河國　鈴木重野
上總國　柴田義信　同
武藏國　内山景壽　校

禊祓《ミソギハラヒ》の神事《カムワザ》はしも。古史傳に委く注《イ》へる如く。祓戸《ハラヒドノ》神四柱の御靈《ミタマ》に頼《ヨリ》て。万の枉事《マガコト》罪《ツミ》穢《ケガレ》を。祓ひ清むる事《ワザ》なれど。神代紀に。素盞嗚《スサノヲノ》尊に。千座《チクラ》置戸《オキド》の解除《ハラヘ》を科《オホ》せる處に。使《メ》天兒屋命《ニ》掌《ラ》其解除之太諄辭《ヲ》而宣之《テノラシム》。と有る太諄辭《フトノリト》なり。必《ス》これ四柱の神に。禱白《ノミマヲ》す詞なりけむこと灼《シル》く。はた後の大祓の神事も。それ天津宮事《アマツミヤゴト》を以て行《オコナ》ふ事なれど。必《ス》此《ノ》神

たちに禱《ノミ》白《マヲ》す。天津祝詞の無《ナ》くては。得《エ》有《アル》まじき理《リ》なれ
に。其ノ太祝詞の傳《ツタ》はらざれど。いとも歎《ナゲ》かはしく。悲《カナ》しき
事なり。然《サ》るを世の事《コト》識《シリ》人《ビト》たち。祝詞式なる大祓ノ詞をや
ぞで神に白す詞なりと思《ヒ》居れど。いと麁《オロソカ》なりかし。其《ツ》は
彼ノ詞を熟《ツラ》〻《く》に讀《ヨミ》考《カムカ》ふれは。彼レハ祓戸ノ神たち。天津神。國津
神。八百万ノ神たちは。祓の太祝詞を申し竟《ヲヘ》て後に。皇美麻ノ
命の天降《アモリ》ますとき。神魯岐《カムロギ》神魯美《カムロミ》ノ命の御言《ミコト》以《モチ》て。葦原ノ中ッ
國に。ゐらむる天《アマ》之《ノ》益《マス》人《ヒト》等《ラ》に。過《アヤマチ》犯《オカ》せる罪穢レの有らむ時。
大祓ノ事《ワザ》を爲《ナシ》て。解《ハラ》除《ヒ》却《ヤ》るべき式《ス》法《ベ》。天津宮事以氏・と云より・太祝詞手宣礼《レ》・と云
へるまでは・よく心を著《ツケ》て辨ふべし・
はた其ノ解除の太《フト》祝《ノリ》詞《ト》を。天津神。國津

神。祓戸ノ神たちは。所聞食《キコシメ》し受《ウケ》給ひて。罪穢を却《ヤラ》ひ失《ウシナ》ひ給ふ状《サマ》をも。御言依《ミコトヨサ》し誨《ヲシヘ》給へる事は。はかく〳〵。此ノ事《ワザ》を爲て。百ノ官ノ人。及び四方ノ國の人民《オホミタカラ》は罪穢を。天皇命《スメラミコト》の祓《ヒ》清め給ふ由を。集侍《ウコナハ》れる人々に。宣聞《ノリキカ》する詞にこそ有れ。神に白す詞には非ずかし。其《ソ》は彼ノ詞の全文を。いくたゝび讀味《ヨミアヂハ》ひ。餘《ホカ》は祝詞ノ文と云合せ考《カムカ》ふべし。神は御前に白す格《サダマリ》の辭とても。一《ト》言だに無《ナ》くて。たゞ解除《ハラヒ》し給ふ故とし爲《シ》方《ザマ》。はた罪穢《ツミケガレ》の清まる状《サマ》までを。天津神の依給へる御言に。言を加へて記されたるにて。集侍れる人々に。宣《リ》聞せ給ふ詞なること。更に疑《ウツ》なき趣《サマ》なるをや。其を委く言はゞ。最初《ハジメ》の文ゟ。天《スメ》皇《ラガ》朝廷尓仕奉留比礼挂伴男手襁挂伴男鞁負伴男剱佩伴男伴男能八十伴男乎始氐官〻尓仕奉留人等乃過犯家牟雜《クサ》〻罪乎大祓尓祓給比清給事乎諸聞食止宣と見え終文こと も大祓尓祓給比清給事乎諸聞食止宣とありて負観儀式に称聞食刀祢皆称唯とあるを思ふべし但し餘《オホカ》の祝詞どもこと其を神に白し於〻も参《マヰ》集《ウゴナ》はれる人等《ドモ》にも聞べき由を宣こともあれバ其等と同じ趣《サマ》ゆ思ふ人そ有るけれど右のたぐひに白す祝詞ことは某ゝの神に白す例《サダカナリ》の言れあへて紛《マギ》佛〳〵事なきを彼詞にハ曾《カツ》て然《サ》る詞れ無《ナケ》れバ神に白す詞ならぬこそ疑《ウタガ》なきもれぞ

○此こと就て猶按《オモ》ふこと朝野群載に彼詞を中臣祭文とて擧さるをち〳〵あしこ文の異れるも有が中に式ことハ自今日始氐罪止云罪波不在止高天原尓耳振立氐聞物止馬牽立氐とある文を自今以後遺罪止云罪咎止云咎八不有止祓給比清給事祓戸乃八百万乃御神達八佐手志加乃御耳手振立天聞食止申とあり此は師も加茂翁も言れさる如く中昔の人れ古の事をも意をそしらて漫《ミダリ》に詞を替《カヘ》さるゝもれあるる事ハ論なきそのろら其そ式なる詞ハ人〻に宣聞す詞ことて神に白す詞ならぬことを心《コヽロ》著《ヅク》る人の彼詞をやがて神に白す詞に為むとて替《カヘ》さ

る事とぞ思ふるく。かゝれば前《サキ》にこそ。祓戸《ノ》神たちに白す太祝詞は別《コト》に有《リ》けむを。式には載《シルシ》漏《モラ》されたるなるかと疑《ウツ》れし。其は彼《ノ》大祓《ノ》詞に。大中臣云々。天津《アマツ》祝詞《ノリト》乃《ノ》太祝詞《フトノリト》事《ゴト》乎《ヲ》宣《ノ》禮《レ》と有《リ》て。如《カ》此《ク》宣《ノ》良《ラ》波《バ》。と受たるに。熟《ヨ》く心を著《ツケ》て思ひ辨《ワキマヘ》ふべし。神に白すべき祝詞を。別《コト》に依《ヨサ》し給ひけめしが。漏《モレ》たるなるかと。更に疑《ウツ》なきもれかや。若《モレ》然《シカ》らばとせば。太祝詞事乎宣《ノ》禮《レ》とて。何か宣《ノ》る事とかせむ。如《カ》此《ク》宣《ノ》良《ラ》波《バ》と承《ウケ》たるは。必《ス》前に宣《ル》べき祝詞の有て。其を宣竟《ノリヲヘ》たるを承《ウケ》て言《ヘ》る辞《コトバ》なるよ。それ宣《ル》べき祝詞れ無《キ》かいかにせむ。加茂翁の祝詞考に。或《アル》人《ノ》説に。此《コ》に天津祝詞とあるを。別に神代より傳ハれる言あるならむ。と云《ヘ》るハ非なりと言《ハ》れ。師れ後釈にも、太祝詞事は、即《チ》大祓に、中臣の宣《ノ》る此《ノ》詞を指《サス》るなりと解《トカ》れさきど、共に考《ヘ》の麁《アラ》かりしなりけり○或《ル》人れ布旧《キ》説に泥《ナヅ》みて、予が説を信《ウケ》ざるに、近く譬《タト》へて諭《サト》しけらくは、たにざくに呪《マジ》禁《ナヒ》け哥を書《キ》て、人におくるとて、其《ノ》せ残そちに呪《マジナ》ふき方は、しか〲の事して、此《ノ》哥を誦《ヨム》べしかく誦《ミ》たらむには、其《ノ》痛《イタミ》すみやかに癒らむもれぞと言おくりたる年に使《ツカヒ》者途《ミチ》にて、其《ノ》たよりくを失《ウシナ》ひ、消息ばかり贈《オク》れるを、受たる人そを読《ヨミ》て、此《ノ》哥を誦《ム》べしとは、即《チ》ちの世をそこの事ぞと云ひては、短冊子取《リ》落しさることに心著《ヅカ》ずて有らむが如し、大祓《ノ》詞の為にと祝詞なるちをは、今さら言《フ》までは無れども、彼《ノ》太祝詞言のなくては、此《ノ》消息に等《ヒト》しきこと、心を平《カ》にして、熟《ヨク》思ふべし、はる其《ノ》漏《モレ》たる祝詞は。天《アマツ》御《ミ》祖《オヤノ》命の。大御口づから傳《ツタヘ》坐《マセ》るにて。そは太祝詞事乎宣礼、如此宣良波、とある文意をよく思ふべし。大御口づから傳へ坐るなること、疑れき物をや。祓戸《ノ》神たちに。祈《ノミ》白す詞なるが。神《カム》事《ワザ》は多《オホ》かる中に。禊《ミソギ》祓《ハラヒ》の神事ばかり重《オモ》き事は無《ナケ》れば。天津祝詞の多かの為中に。此《ノ》祝詞ばかり重《オモ》き祝詞はなく。天上《アメ》にて。兒屋根《コヤネノ》命の宣《ノリ》給へる詞も。其《ソレ》なるべく所思《オボユ》るに。餘《ホカ》の祝詞は悉《コト〲》く傳《ツタ》はれる中に。此《レ》のみ漏《モレ》たるとは。悲《カナ》しき事なりけり。なる故に。年頃いたく歎《ナゲ》き思へりしを。猶《ナホ》深《フカ》く考ふるに。此《コ》は別《コト》に重き詞なる故に。式にはわざと載《シルシ》漏《モラ》されたるにて。然《サ》る例は。餘《ノ》詞にも有り。其は天《ツ》神《ノ》寿《ヨ》詞《ゴト》にも。天都詔戸《ノ》太祝刀言遠以弖告《ノ》礼。如此告《ノラ》波と見えて。其《ノ》詔戸は漏したり。然れども此は既《ハヤ》く。書より見得て。古史に記したり。餘《ノ》中臣《ノ》家には。必《ス》是を傳《ツタヘ》られたらむと所思《オボエ》たり。然は有れど。此《コ》にいと不審《イブカシ》き事なむある。其《ソ》は度會《ノ》延佳が。中臣祓瑞穂抄と云物に。天津祝詞手以《テ》宣礼。と云ふ処にて。卜部《ノ》家にて。唯授一人之祕文也と云《ヒ》て。宣礼をいふ下に。祕文を入れて。如此宣《ノ》良波。と後段にうけるは。然も有《ル》べく。れど。此《ノ》中臣《ノ》祓の外に。太諄辞は有るまじきなり。或《ル》本に。

白衆等各念此時清淨偈諸法如影像清淨無假穢取說不可得皆從因業生と云を太諄辞ふりと云ひて岩出祭主流粥見祭主流ふりといふ両家共ふ大中臣の嫡流ふり六百年以前の書ふも此偈を載さゞといへり此白衆云云の文も金剛界礼懺文と同文よて彼文ふ礙とあるを假字よ替さるれみ異ふり六百年以前の書よも此偈字載さりとハ何書を云へるふらむ予が見さる書ふてハ後醍醐天皇の元應二年ふ度會神主家行れ著せる神祇本源よ闢天之磐戸之時の呪文天津宮事の祕文とて諸神等各念此時清淨偈諸法如影像清淨無假穢犹說不可得皆從因業生と云ふ文を載さるを見さり元應二年よりこの文化十二年まで四百九十六年よやふらむ然れむ此文を天津祝詞ふりとて唱へさるも甚旧き事ふれどもかゝる穢《ケガラ》ハしき文を岩出粥見ふどの家よて傳られれむも如何ふる事ふらまさ近き頃内宮れ師職渋谷光博と云ふ人の三位荒木田經雅卿より授らさる大祓勤仕作法と云ふを我弟子ふる岡田孝良ふ見せ置れさるを見さるふ太祝詞事乎以宣礼といふ処よて極《キハメテ》汚穢毛《モ》溜《タヽリ》無《ナキ》礼波《バ》穢事《キタナキコト》波有《ア》良《ラ》志《ジ》内外乃玉垣清《キヨク》淨《キヨ》志《ジ》と百度唱へて毎呪錢切散供打手と見えさり此も佛書を竊して

後人の作れる。六根清淨ノ祓。といふ物の文なるを。然《ガ》しも博士《ハカセ》と聞えたる經雅卿の。太祝詞なりとて傳へられしも。謂《ユエ》ある事なるべし。然れど其ノ家々にては。太祝詞をば。否《ア》らぬ別《コト》詞の如く心得て。かゝる穢き詞どもを。太祝詞と思ひ混《マギ》らしたりときこゆ。甚《イト》も悲しき事なりけり。○篤胤をぢなき身なれども。年ごろ此ノ事は。いたく心に懸《カヽ》りて。阿波礼《アハレ》。こは詞を見得《ミエ》てほしと。深《フカ》く探《タヅ》ねたりしかば。靈幸《タマチ》ふ神の御心ぞ。其ノ太《フト》祝詞《ノリト》なるべきを得て。彼《カレ》これ異《コト》なる處。また誤《アヤマ》れる言《コト》にぞ。密《ヒソカ》に挍《クラ》べ正《タヾ》したるも有れど。學問《マナビ》の力は足《タ》らざらむ人は。等閑《ナホザリ》に思はむ事は。いと惜《ヲシ》けれど。姑《シバ》らく秘《ヒメ》藏《オ》きて。傳《ツタ》ふべき人を待《マチ》て傳へむとす。○挍者等云く。是より以下《モ》も天津祝詞の考へにて。もと別巻なるを。こたびの印本《エリブミ》と爲《スル》に就て。合巻とは爲《ナ》せるなり。

大祓《ノ》詞を宣《ノ》る前に。祓戸《ハラヒド》《ノ》神たち。及び八百万《ノ》神等に祈白《ノミマヲ》し。天津祝詞は有《リ》けむが。漏《モレ》たるこぞは。上に辨《ワキマ》へざるが如くなるを。其《ノ》詞を。罪穢《ツミケガレ》を祓《ハラ》ひ給はむ事を。祈白《ノミマヲ》しをり外《ホカ》れのるべきこぞ疑《ウツ》なし。と思ひ決《サダ》めさるて往《イニ》し文化《ノ》七年は冬の事なりしかぞ。頓《トミ》に人の信《ウケ》ひくはじめ説《コト》なる故に。それは一人のみ。大祓《ノ》詞を誦《ヨム》をりは。祓戸《ノ》神たちに祈白の詞を。まづ白して後に。彼《ノ》詞ハ誦《ヨ》ざりしを。近頃深《フカ》く考《カムカ》ふるに。世に美曽岐《ミソギ》《ノ》祓と称《イ》ふ詞なも。其《ノ》太祝詞なめど。時うつり世かはりる彼《カレ》これ謬《アヤマ》れる詞の混雑《マジ》れる故に。其《レ》ぞも覚《オボ》えぬ趣《サマ》になれるにぞ有けめ。其《ソ》はかの詞はしも。世の神道者など云ふ徒《トモガラ》の。普《アマネ》く唱《トナ》ふめれど。是《コレ》我古へ天津祝詞としも辨《ワキマ》へず。此《コ》をやがて。祓《ハラヒ》といふ物ぞとちへ心《コヽロ》得《エ》居《ヲ》るめれば。云《フ》にも足《タ》らず。はた世の古學者たちは。此《ノ》詞を知《レ》れや知らずや。なまくに知《リ》たる人も。正《タヾ》しき古書に。記し傳《ツタ》へける故に。なほざりに見《ミ》過《スグ》して。心とめて味《アヂハ》へむともせず。唯《タヾ》に神家者流の。私詞《ワタクシゴト》とのみ思ふめれな。共に古へ實《マコト》に暗《クラ》き故にぞ有《リ》ける。其《ソ》は此《ノ》詞の。式《ミノリフミ》などに載らねば。なぶ祓竟《ハラヒヲヘ》て後に。諸人《モロビト》に宣《ノ》り聞《キカ》す。謂《イハ》ゆる大祓《ノ》詞のみ載られたる事は。此《コ》は神に白せる詞の中《ナカ》にも。やむごとなき詞なる故に。書《フミ》に記《シル》せず。此《ノ》神事《カムワザ》に預《アヅ》かる人の。次々に。口《クチ》ずから。傳へ來《キタ》りし故あるべし。其《ソ》を上件に・天《ツ》神《ノ》寿《ヨ》詞《ゴト》のことを云へるをも・思ひ合はべし・かく思ひ定《サダ》めて。世に傳はる美《ミ》曽《ソ》岐《ギ》祓と云《フ》詞字。三《ツ》四《ツ》くらべ見て。考へ定《サダ》めたるを。次々に記して辨《ワキマ》へしめむとは。

○第一文かく顯《ヒル》さる事も・別義《コトゴコロ》あるに非ず・下に次々論ふる・見《ミ》易《ヤス》からむ料《タメ》にのみなり・

高《タカ》天《マガ》原《ハラ》尓《ニ》神留《カミトヾマリ》坐《マシマス》。皇《スメ》親《ムツ》神《カミ》魯《ロ》岐《ギ》神《カミ》魯《ロ》美《ミ》乃《ノ》命《ミコト》乎《ヲ》以《モツ》弖《テ》。日向《ヒウガノ》橘《タチバナ》乃《ノ》檍原《アヲキガハラ》乃《ノ》九柱《コヽノハシラ》乃《ノ》神《カミ》。粟門《アハノト》及《オヨビ》速吸名門《ハヤスフナド》乃《ノ》六柱《ムハシラ》乃《ノ》神達《カミタチ》。諸《モロ〳〵ノ》汚《ケガ》穢《レ》乎《ヲ》祓賜《ハラヒタマヒ》。清賜《キヨメタマ》倍《ヘ》止《ト》申事《マウスコト》乃《ノ》由《ヨシ》乎《ヲ》。左男鹿《サヲシカ》乃《ノ》八《ヤツ》乃《ノ》耳《ミヽ》乎《ヲ》振立《フリタテ》天《テ》。聞食《キコシメセ》止《ト》申《マウ》壽《ス》。

古の詞に。高天《カ》原尓云々。命《ミコト》乎《ヲ》以《モツ》弖《テ》と云《ヒ》て。祓戸《ハラヒドノ》神《カミ》たちに。

汚穢《ケガレ》を。祓ひ清《キヨ》め給ふべき由を。神魯岐神魯美ノ命の。令《オフ》せ給へる状《サマ》に云ヿなむ。道饗《ミチアヘ》祭ノ詞ゟ高天ノ原尓事始メ弖云々《シカ〲》。八《ヤ》衢《チマタ》比《ヒ》古《コ》。八衢比賣《メ》久《ク》那《ナ》斗《ド》、止御名者申弖《シ》。稱《タヽヘ》辭《ゴト》竟《ヲヘ》奉《マツル》云々。夜《ヨ》之《ノ》守《マモリ》日之守リ尓。守リ奉リ齋《イハヒ》奉礼。と令《オフ》せ給へるヿ思ひ合するに。よく古ノ意に符《カナ》ひて。必《ス》かく有《ル》べき文勢《コトバノサマ》なり。然るを皇親と云ふ言は。第三第四ノ文に。なきに從《シタガ》ふべし。さて命《ミコト》乎《ヲ》以《モチ》弖《テ》の下に。皇《スメ》御《ミ》祖《オヤ》神《カム》伊《イ》弉《ザ》諾《ナギ》ノ尊。と云ふ言を漏《モラ》せり。此《コ》はこれらも有るべき文なり。其ノ由は。第二ノ文の下に云フを見よ。○九柱乃神。及ヒ速吸名門乃六柱乃神達《カミタチ》すいは太《イミ》じき非《ヒガコト》なり。其ノ由。第二ノ文の下に云を見るべし。○諸汚穢と云フより。申壽《マヲス》と云ふ由では。次〻に云我見て辨《ワキマ》ふべし。○さて此ノ詞は。謂《イハ》ゆる八部ノ祓てふ物にも見える。吉田家より。弘《ヒロ》く世に傳へらるゝ詞なり。

○第二ノ文

高天原仁《タカマガハラニ》神留坐寸《カミトヾマリマシマス》。皇御祖神《スメミオヤノカミ》伊弉諾尊《イザナギノミコト》。日向《ヒウガ》乃《ノ》橘《タチバナ》乃《ノ》小戸《ヲド》乃《ノ》檍我原《アヲキガハラ》尓《ニ》。御禊《ミソギ》乃《ノ》大御時《オホミトキ》。成出流神《ナリイヅルカミ》波《ハ》。八十枉津日神《ヤソマガツヒノカミ》。神直日神《カムナホビノカミ》。大直日神《オホナホビノカミ》。底津海童神《ソコツワタツミノカミ》。底筒男命《ソコツヽノヲノミコト》。中津海童神《ナカツワタツミノカミ》。中筒男命《ナカツヽノヲノミコト》。表津海童神《ウハツワタツミノカミ》。表筒男命《ウハツヽノヲノミコト》。祓戸《ハラヒド》乃《ノ》諸神等《モロガミタチ》。諸障穢乎《モロ〳〵ノサハリケガレヲ》。祓賜《ハラヒタマヘ》清賜《キヨメタマヘ》倍止《ト》白事《マヲスコト》乃《ノ》由乎《ヨシヲ》。平久《タヒラケク》聞食止《キコシメセト》。恐美恐美《カシコミカシコミ》申須《マヲス》。

此は高天《ガ》原仁と云より。檍原《アヲキガハラ》尓と云へるまでは。正《タヾ》しき古文《イニシヘノコトバ》に依字。第三ノ文と合せ考ふるに。神漏企神漏美乃命乎以弖。と云ふ文を傳へ洩《モラ》しさしゝて。檍我原となる我ノ字非《ヒガコト》なり。○御禊乃大御時と云より。表筒男命《ウハツツノヲノミコト》と云まで。禊祓の本因《モトノイハレ》を知らざる。後世《ノチノ》人は。神代紀によりて作《ツク》り加《ソ》へたる詞れるもと疑にし。其《ソ》は古史傳。第二十四段に注《ヒル》せる事實《コトノアト》。子ゞく辨へて。底津《ソコツ》海童《ワタツミ》ノ神以下。六柱の神等《タチ》は。祓戸の神にあらぬ事を曉《サト》り。大祓ノ詞よ。祓戸ノ神四《ヨ》柱《ハシラ》は御名は舉《アゲ》られど。此ノ神等は御名の無《トキ》をも。思ひ合すべし。またた八十《ヤソ》枉津日《マガツヒ》ノ神は。瀬織津比賣《セオリツヒメ》。直日《ナホビ》ノ神は。氣吹戸主《イブキドヌシ》にて。此ノ二柱は。祓戸ノ神に坐《マ》せども。祓戸にては。八十枉津日ノ神。

直日神とは申さぬ事なり。此事古史傳に委くいへり。故此に準《ナゾラ》へて第一文に。九柱乃神粟門《アハノト》及《オヨビ》速吸名門《ハヤスフナド》乃六柱乃神達《カミタチ》と云へるも。後人は書替《カキカヘ》さる文なれはと悟《サト》るべし。殊《コト》に檍原にて。九柱の神を生給ふとあるも。速吸名門にて。六柱の神を生坐《セ》せりと有《ル》も。共に異なる一書どもの傳へなるを。合せたる。粟門及速吸名門と云へるにて。いよよ後人のわざなること些。灼《ジル》き物字や。ちて此文に。御禊乃大御時成《リ》出流。と云へる言《コト》。後人は口氣《クチツキ》なり。其は第三文に。御《ミ》禊《ソギ》祓《ハラ》比《ヒ》給布時仁生《アレ》坐《マセ》る。と有る類《タグヒ》の文《コトバ》なればなむを。近世《キ》人は。さかしらに替《カヘ》たるにぞ有《ル》べき。○祓戸諸神等。諸字非《ヒガコト》なり。第三第四の文に無《ナ》きに從《シタガ》ふべし。然《サ》るハ神等と云ふ。諸《モロ〳〵》て言は籠《コモ》りあればなり。○諸障《リ》穢《レ》乎。と云

なり。以下《シモ》の文《コトバ》は、第三第四の文の下《トコロ》に云ふを見て、辨ふべし。○さて此《ノ》詞も、白川家にて、傳へ給ふ由にて、其《ノ》流《ナガレ》を汲《ク》む神職たちの誦《ヨ》むを、聞覺《キヽオボ》えしまゝに記したる物なれど。此《コヽ》に甚《イト》いぶかしき事あり。其《ソ》は伯家部類に、水《ミ》濺祓《ソヾノハラヒ》（雅富王記）として載《ノセ》られたるには、高天《ノ》原仁神住在須《カミトヾマリマシマス》神漏岐神漏美乃命乎以弖。日向乃小戸乃檍原乃九柱乃神達《カミタチ》。阿波《アハ》乃《ノ》水戸《ミナト》乎《ヲ》。速吸名戸《ハヤスフナド》乃《ノ》六柱乃神達。諸乃障穢乎《サハリケガレヲ》。祓玉比清《ハラヒタマヒキヨ》免《メ》給布止《タマフト》申《マヲ》寿《ス》支《コト》乃《ノ》由乎《ヨシヲ》。八百万乃神等。聞看土《キコシメセト》申寿。とあり。然れど。弘《ヒロ》く神職に傳へ給ふ詞と、内々唱《トナ》へたるふ詞とは。異《コト》れるとはおもはるゝ事にこそ有らむ。

○第三ノ文

高天原《タカマガハラ》仁《ニ》神留坐須《カミトヅマリマシマス》。神漏企《カミロキ》神漏美《カミロミ》乃《ノ》命《ミコト》乎《ヲ》以天《モツテ》。日向《ヒウガ》乃《ノ》橘《タチバナ》乃《ノ》小戸《ヲド》乃《ノ》檍原《アヲキガハラ》仁《ニ》。御禊《ミソギ》祓比《ハラヒ》給布《タマフ》時《トキ》仁《ニ》。生坐留《ナリマセル》祓戸《ハラヒド》乃《ノ》神等《カミタチ》。諸《モロ〱》乃《ノ》障穢《サハリケガレ》乎《ヲ》。祓賜倍《ハラヒタマヘ》清女賜倍《キヨメタマヘ》止《ト》白寸《マヲス》事《コト》乃《ノ》由《ヨシ》乎《ヲ》。天之《アマノ》斑馬《フチゴマ》乃《ノ》耳《ミヽ》振立天《フリタテヽ》聞食《キコシメセ》止《ト》。恐美《カシコミ》恐美《カシコミ》白須《マウス》。

此ノ詞。をばて宜《ヨロ》しく所思《オボユ》る中《ナカ》に。第二ノ文と合せ考《フ》べし。命乎以天と云下《フ》に。皇御祖神伊弉諾ノ尊。と云文を脱《オト》したり。○諸ノ障《リ》穢《レ》乎。とは第二ノ文にもかく有れど。第四ノ文に。諸《モロ〱》乃《ノ》枉事《マガコト》罪《ツミ》穢《ケガレ》乎《ヲ》。と有るうさ勝《マサ》りてれおも。○祓《ヒ》賜倍と云より以下は。古《ヘ》文れ殊《コト》に美《メデ》たき物なり。其ノ由下《シモ》に記せる正《マサ》文《コトバ》に釋《トク》を見て知《ル》べし。○さて此ノ詞も。江川安豊が。或《アル》神道學者よ傳へ受さる由にて。語《カタ》り聞《キカ》せたるを記《シル》せり。藤浪家にて唱《トナ》ふる詞なり。と云へる由れるは。實《マコト》なりや知《シ》らず。

○第四ノ文

高《タカ》天《マガ》原《ハラ》尓《ニ》神《カミ》留《トヾマリ》坐《マシマ》寸《ス》。神《カミ》漏《ロ》岐《ギ》神《カミ》漏《ロ》美《ミ》乃《ノ》命《ミコト》乎《ヲ》以《モッ》天《テ》。日《ヒ》向《ウガ》乃《ノ》橘《タチバナ》之《ノ》檍《アヲキ》賀《ガ》原《ハラ》仁《ニ》。御《ミ》禊《ソギ》能《ノ》時《トキ》成《ナリ》坐《マセ》留《ル》神《カミ》等《タチ》。諸《モロ〳〵》乃《ノ》枉《マガ》事《コト》罪《ツミ》穢《ケガレ》遠《ヲ》拂《ハラヒ》賜《タマ》倍《ヘ》清《ギヨ》米《メ》天《テ》賜《タマ》布《フ》止《ト》。申《マウス》事《コト》乃《ノ》由《ヨシ》乎《ヲ》。天神《アマツカミ》地祇《クニツカミ》。八《ヤ》百《ホ》萬《ヨロヅ》乃《ノ》神《カミ》等《タチ》共《トモ》仁《ニ》。左《サ》男《ヲ》鹿《シカ》能《ノ》八《ヤ》箇《ツ》乃《ノ》御《オ》耳《ムミヽ》乎《ヲ》振《フリ》立《タテ》弖《ヽ》。聞《キコ》食《シメセ》止《ト》申《マウ》寸《ス》。

此ノ詞も。皇御祖神伊弉諾ノ尊。と云詞を脱《オト》したり。然《シカ》れども。すべての文は。最《イト》めでたし。其《ソ》が中に。檍賀とある賀ノ字。例の非《ヒガコト》なり。○御禊能時。こは第三文に。御禊祓比給布時仁。とあるかた勝《マサ》れり。○成坐留《ナリマセル》神等《カミタチ》。こは神の上に。祓戸乃の三字を脱《オト》したり。第二第三文と。合せ見て知《ル》べし。然れども無《ナク》ても通《キコ》えざるには非ず。○清米天《キヨメテ》とある天字は。後世ざまの非《ヒガ》ことなり。さて賜倍止と有《ル》べき哉。賜布止とあるは。此《レ》も後世の非事《ヒガコト》なり。○左《サ》男《ヲ》鹿《シカ》能《ノ》八《ヤ》箇《ツ》乃《ノ》御耳。此《コ》も第一文にもかく有り。また朝野群載に。大祓詞を中臣祭文。とて擧《アゲ》たるにも斯《カ》く有て。鹿《シカ》も耳《ミヽ》疾《ト》き獣《ケダモノ》なれば。理《コトワリ》はさる事ながら。此は第三文に。天之斑馬《フチゴマ》乃耳振立弖。と有る方《カタ》。大祓の時に。馬を出して。其詞に。高天原尓。耳振《ミヽフリ》立弖《タテヽ》聞《キク》物《モノ》止《ト》馬《ウマ》牽《ヒキ》立氐《タテヽ》。と有《ル》に符《ア》へれど。彼《ソレ》に從《シタガ》ふべし。さて春日ノ社にて。此ノ詞を唱ふる時ゟ《ヨリ》。かならず左男鹿乃。云と云ふとぞ。然《リ》も有らば。左男鹿乃とある詞どもは。彼《カノ》社にて云へる詞の。世に弘《ヒロ》まれるなるべし。○さる此ノ詞は。垂加流の神道學者より。春日ノ神社の傳《ツタヘ》なりとて。授《サヅカ》りたるなり。はた或《アル》人は。香取ノ社のなりとも云へり。なほ此ノ餘《ホカ》にも禊祓ノ詞とて。聞《キヽ》集《アツ》めたるが多かれど。大凡右に挙《アゲ》たる四ノ文ず違《タガ》ふこと無《ナ》かれど。悉《コトゞ》くは得《ユ》物《モノ》せざなど。○右に論《アゲツ》らへる詞どもの中に。古ノ實《マコト》に符《カナ》へりと思ふかぎりを採《トリ》撫《ヒロ》ひて。正文《マサコトバ》を定《サダ》むれど。

高天原尓。神留坐須。神漏岐神漏美乃命乎以弖。此《コ》は第三第四の文

尓依れど。但し命乎以弖の乎ノ字。なき方宜し。皇御祖神伊弉諾尊。古は。第二の文によれど。日向乃橘乃小戸乃檍原尓。古は。四ツの文共にかく有り。但し第一第四の文にも。小戸乃の三字脱《オチ》たり。御禊祓比給布時仁。生坐留古ハ。第三ノ文による。祓戸乃神等。此も。第三の文に依れど。但し第二。第四の文も。同じ意なり。諸乃枉事罪穢乎。拂賜倍清米賜倍止申事乃由乎。天神地祇。八百萬乃神等共仁。古は。第四ノ文に依る。但し清米天賜布止。とある天ノ字を除《ノゾ》き。布《フ》を倍《ヘ》と改めたるも。第一。第二。第三の文に依れど。天之斑馬乃耳振立天聞食止。恐美恐美白須。古も。第三ノ文に依れり。かく撰《エラ》び定めて。熟《ツラ》〱讀味《ヨミアヂハ》ふに。最《イト》も珍《メデ》たき古文にて。彼ノ天津祝詞乃太祝詞なること疑《ウツ》なし。但し日向の上に。筑紫ノ二字有りしが脱《オチ》たるなり。故レ古事記。また御紀の一書に。此ノことあるに依リて補ふべし。また祓戸乃神等。古は私に申さむにも。神ノ字の

上ミ大字を加へて。祓戸乃　ちて正文をは成《ナ》まくを。本《モト》与
大神等。と称へ申せばし。
又読方《ヨミザマ》の誤《アヤマ》れるも少《スクナ》からずば。為文字用格《モジヅカヒ》れ紛《マギ》らはし
きも有れど。其《ソ》はみれ補《オギナ》ひ訂《タダ》し。更《サラ》に正文を改め記して。
粗《ホボ》それ注解《トキゴト》をも加《クハ》へむをれ。

高天原《タカマノハラ》爾《ニ》神留坐《カムヅマリマ》須《ス》。神魯岐《カムロギ》神《カム》魯美《ロミ》乃《ノ》命以《ミコトモチテ》氐。皇御祖《スメミオヤ》。神伊邪《カムイザ》那岐命《ナギノミコト》。筑紫日向《ツクシノヒムカ》乃《ノ》橘《タチバナ》乃《ノ》小戸《ヲド》

乃《ノ》阿《ア》波《ハ》岐《ギ》原《ハラ》爾《ニ》。御《ミ》禊《ソギ》祓《ハラ》比《ヒ》給《タマ》布《フ》
時《トキ》仁《ニ》。生《アレ》坐《マセ》留《ル》祓《ハラヒ》戸《ド》乃《ノ》大《オホ》神《カミ》等《タチ》。諸《モロ〱》
能《ノ》枉《マガ》事《コト》罪《ツミ》穢《ケガレ》乎《ヲ》。祓《ハラヒ》賜《タマ》閉《ヘ》清《キヨ》米《メ》賜《タマ》
閉《ヘ》登《ト》申《マヲ》須《ス》事《コト》乃《ノ》由《ヨシ》乎《ヲ》。天《アマ》津《ツ》神《カミ》國《クニ》
津《ツ》神《カミ》。八《ヤ》百《ホ》万《ヨロヅ》能《ノ》神《カミ》等《タチ》共《トモ》仁《ニ》。天《アマ》之《ノ》

斑馬《フチゴマ》乃《ノ》耳《ミヽ》振《フリ》立《タテ》天《テ》。聞食《キコシメ》世《セ》登《ト》。恐《カシコ》美《ミ》恐《カシコ》美《ミ》白《マヲ》須《ス》。

高天原の事は。古史傳また靈のみはしらに委く注せり。◯神留坐須の神な。神集《カムツドヘ》神議《カムハカリ》などの神《カム》と同く。崇辞《アガメコトバ》に冠《ソヘ》たるなり。故《カレ》加微《カミ》をさむに非なり。留《ツマリ》はもれたる字の如く留《トヾマリ》てふことなるを。都麻理《ツマリ》と云ふは古言なり。委くは。師の大祓詞後釈に。云はれたるが如し。此《コ》は皇美麻命《スメミマノミコト》の。高天原を離《ハナ》れて。此國に降坐《クダリマセ》るに對《ムカ》ひて。降り坐《マ》さゞる神を留坐《ツマリマ》須《ス》とは申《マヲ》せるなり。◯

神魯岐《カムロギ》神魯美《カムロミ》と申す御號《ミナ》のことは。古史傳に委《クハシ》く云へるごとく。皇産霊《ミムスビノ》神と。天照大御神とを申すことも有れど。此《コヽ》は高皇産霊。神皇産霊《ノ》神を申せり。◯命以氏は。御《ミ》言《コト》以《モチ》氏《テ》の義《コヽロ》なり。さて此《レ》までの文は。天津神の御口《ミクチ》づからの語《コト》にて非ず。皇美麻《ノ》命天降《アモリ》坐《マシ》て後に。此《コ》を唱《トナ》ふる時に。冠《ソヘ》て申せる文《コトバ》なることは。灼《シル》きものから。文に三《ツ》の義あり。其《ノ》一《ツ》は。伊邪那岐《ノ》命をいふに係《カヽ》りて。神魯岐神魯美命の。大詔命《オホミコト》以《モ》て。依《ヨサ》し給へるはにく。事始《メ》たまへる。伊邪那岐《ノ》命の云々《シカジカ》。と云《イ》へる義なり。二《ツ》には。祓《ハラ》比《ヒ》賜《タマ》閉《ヘ》。清《キヨ》米《メ》賜《タマ》閉《ヘ》と云に係《カヽ》りて。道饗《ミチアヘ》祭詞《マツリノコトバ》に高天原尓事始て云々。八《ヤ》衢《チマタ》比古《コ》八《ヤ》衢《チマタ》比《ロ》賣《メ》久《ツ》那《ナ》斗《ド》止《ト》御名者申《シ》弖稱《タヽヘ》辭《ゴト》竟《ヲヘ》奉《マツル》云〻。夜之守《リ》日之守《リ》尓。守《マモリ》奉《マツリ》齋《イハヒ》奉《マツ》礼《レ》。とありて。塞神《サヘノカミ》たちに。令《オフ》せ給へるごとく。此《コヽ》も祓戸《ノ》神たちに。祓ひ清め給ふべき由を神《カム》漏《ロ》岐《ギ》神《カム》漏《ロ》美《ミ》命の令《オフ》せ給へる由なり。○大祓《ノ》詞と考へ合せて。此《ノ》意を知り辨ふべし。三《ツ》には。聞《キコ》食《シメ》世《セ》と云《フ》に係《カヽ》りて。高天《ノ》原に神留《カムツマ》りて坐す神漏岐神漏美《ノ》命の。御言依《ヨ》さし給へる天津詔戸のまに〳〵。白《マヲ》す事を。祓戸《ノ》神たち。天津神。國津神。八百万《ノ》神たち共《トモ》に。聞食《シ》せよと云へるなり。かゝれば。皇《スメ》御《ミ》祖《オヤ》と云ふより。聞食世と云《フ》までは。天祝詞《アマツノリト》にて。前後《アトサキ》の文は。此《コ》を申せる人の詞なり。熟《ツラ》〻《ク》文に心を著《ツ》けて。讀《ヨミ》辨《ワキマ》ふべし。○皇御祖とは。

伊邪那岐ノ大神は。皇美麻ノ命の。大御祖《オホミオヤ》に坐《マ》せばなり。◯神伊邪那岐ノ命神《カム》を崇《アガ》めて冠《ソヘ》たるにて。神《カム》速《ハヤ》須《ス》佐《サ》之《ノ》男《ヲ》ノ命と申に神《カム》の如し。此字上におけて皇御祖ノ神とよむを非なり。其《ソ》を鎮火《ヒシヅメ》祭《マツリ》ノ詞に。神《カム》伊《イ》佐《ザ》奈《ナ》伎《ギ》伊《イ》佐《ザ》奈《ナ》美《ミ》乃《ノ》命《ミコト》と有るを合せ考へて。天津祝詞のハ。神《カム》伊邪那岐ノ命を宣《ノリタマ》ひけむ事を思ひ。徴《アカ》すべし。◯筑紫ノ日向乃橘乃小戸乃阿《ア》波《ハ》岐《ギ》原《ハラ》尓《ニ》。御禊《ミソギ》祓《ハラ》比《ヒ》給布時尓。これ事は。古史傳第二十三段に。委く云へるを見るべし。◯生坐留。こは阿《ア》礼《レ》麻《マ》勢《セ》留《ル》と訓《ヨム》べし。ナリマセルを訓《ム》を非なり。阿《ア》礼《レ》は。現《アラハレ》といふを同言なり。くはしくは古史傳に云へるを見よ ◯祓戸乃大神等をは。古史成文の御禊ノ段に出さ

に八十枉津日《ヤソマガツヒノ》神。大直日《オホナホビノ》神。伊豆能賣《イヅノメノ》神。速佐須良比賣《ハヤサスラヒメノ》神。四柱《ヨハシラ》にて。大祓詞に。瀨織津比咩《セオリツヒメ》となるは。八十枉津日神。伊吹戸主《イブキドヌシ》となるを。大直日神。速秋津比咩《ハヤアキツヒメ》とあるは。伊豆能賣神に依由《ヨレ》。まさ此神たちは。罪穢を祓ひ給ふ功《イサヲシ》にてど

れことは。古史傳に具《ツバラ》に注《イ》せれバ。此《コヽ》に云ずば。○祓比賜閇清米賜閇登申須事乃由乎。天津神國津神。八百万能神等共仁。云々聞食世と申にことは。大祓詞に。天津祝詞乃太祝詞事《フトノリトゴト》乎《ヲ》宣礼《ノレ》。如此《カク》久乃良波《ノラバ》。天津神波。天磐門《アメノイハト》乎《ヲ》推披《オシヒラキ》氐《テ》云々。所聞食武《キコシメサム》。國津神波高山之末《タカヤマノスヱ》。短山之末《ヒキヤマノスヱ》尓上坐氐《ノボリマシテ》。云々所聞食武。如此所聞食氐波《カクキコシメシテバ》。云々。速川能瀨尓坐須瀨《ハヤカハノセニマスセ》

織《オリ》津《ツ》比《ヒ》咩《メ》止《ト》云《イフ》神《カミ》。大海原《オホワタノハラ》尓《ニ》持《モチ》出《イデ》奈《ナ》武《ム》。如此《カク》持《モチ》出《イデ》往《イナ》者《バ》云く。と云ひて。天津神國津神の。まづ聞《キコ》し食《メシ》て。さて祓戸之神たちの。祓の功《イサヲシ》を成《ナ》し給ふ趣《サマ》なるに符《カナ》ひて。いとも尊《タフト》き文なりかし。○天之斑《フチ》馬《ゴマ》乃耳振立氏は大祓の時に。馬《ウマ》を出して。其《ノ》詞に。耳《ミヽ》振《フリ》立《タテ》聞《キク》物《モノ》止馬《ウマ》牽《ヒキ》立《タテ》氏。とあるに符ひて。いたくめでたし。此《レ》に依りて考ふるに。解除《ハラヘ》に馬を牽《ヒク》きとは。祓物《ハラヘツモノ》には非ずて。神たちの。耳聴《ト》く祈言《ノミコト》をきこし食《メ》し給はむ事の。祝代《ホギコロ》に。奉るにぞ有《リ》ける。○さて此詞は。馬牽《キ》立て。式の如く　に。大祓《ノ》事を為《ナレ》て。祈白《ノミマヲ》にときて。全《スベテ》文《コトバ》を申さむも。然《サ》る事ながら。常に祈白にすて。天之《アマノ》斑《フチ》馬《ゴマ》乃耳振立氏。と云ふ詞を。省《ハブ》きて申すべき理《コトワリ》なれども。全文を申《マヲ》さへも。非事《ヒカコー》にはあらず。偖《サノ》また後《ノ》世には。集《ウコナハ》れる諸《モロく》に。宣《ノリ》聞《キカ》しし大祓《ノ》詞を。神に白しさへ非事なるに。況て太祝詞事乎宣《ノ》礼《レ》。と云ふ下《トコロ》ろて。太《フト》祝《ノリ》詞《ト》ぞと心得さる文を。唱《トナ》ふるこそも。非事こそあれや。必《カナラズ》まづ神に。太祝詞を白《マヲ》して後に。大祓《ノ》詞を唱ふべき者《モノ》なり。此《ノ》式《ワザ》は。神祇式にも詳《サタカ》には見えざるを。内宮年中行事に。六月十六日の。川原《ノ》御祓の處に。御巫《カムノコ》内人。向《ヒ》御前《ノ》方《ニ》。申《ス》詔刀《ノリトヲ》。と有りて。其《ノ》詔刀《ノリト》に神事《カムワザ》に供奉《ツカヘマツ》る人等《ヒトヽモ》を。清浄《キヨクキヨ》らに祓ひ清める。御《ミ》饌《ケ》の神事に清《ク》浄《ヲ》に仕《ツカ》へ奉らしめ給へ。といふ趣《オモムキ》を。祈《ノミ》まをし竟《ヲヘ》て後《ノチ》に。榊の枝《エダ》を河に流《ナガ》す時に。各々《オノヽ》中臣祓ノ祭文を讀《ヨム》べし。見えたるにて悟《サト》るべし。此《コ》も然《シカ》すがに。大御神の神事《カムワザ》なるからに。故實《フルキコト》の殘《ノコ》れるものとこそ所思《オボ》ゆれ。

文化十二年四月三日に考へ畢る　平田篤胤

鐵胤云、この天津祝詞の考ヘはしも、我父の早く著されし書れる事も、上に年月の有にて知べし、此のち古史徴の開題記にも説キ記されれ、猶まさ考へ補もれたる事なきに非ず、其も大祓詞再釈に就て見べし、かくて篤眞と云ヘるハ、己が前ノ名なるを、文政の末頃に、今の如く改めさせれ、

追書

天都詔詞太詔詞考

大国隆正

大國隆正先生著
福羽美靜子爵校

天都詔詞太詔詞考

上之卷

大國家藏版

大國家
藏版證

上巻正誤表

誤字	頁數	行數	自上字數	誤	正
	八	九	二	し	ん
	八	十一	三	く	し
	十	十一	八	も	ま
	十一	一	十六	た	れ
	三十四	八	十二	お	づ
	四十三	四	十九	う	か
	六十七	十	十六	い	つ
脱字	三十八	一	二	敏ノ下「け」	
	四十六	五	五	をノ下「ゑ」	
	四十八	七	十八	もノ下「ふ」	
綜字	四十八	六	四	りよハ「より」	
重複	四十八	八	十八	たノ下「た」	

大國隆正翁の英玄なるのまなびしこのあまり
ありとふものと考へれまで写本ありて世
にてつかりとにま列本となりて世ありし公事
まて隆正翁の學説と人とさえりやすらし
めんとして其の著書の一節の自分生をとて
のようやしとりてたてり掲く

「日本にうまる〻人もてよろづ真《まこと》をもとゝして
しく武《たけ》く正《ただ》しく潔《いさぎよ》く雅《みやび》やかなるところ

一

をもち　国《くに》のため君《きミ》のためにハ命《いのち》をもをしまず　つねハ身《み》を謹《つゝ》しミて　父母《ちゝはゝ》の心《こころ》をやすらしめ　兄弟《あにおとゝ》妻子《つまこ》親族《うから》もむつましくすべく我にしたがふものをよき人にしさそてあがんとおもふべし　ろゝあをねもへもろくへりて人乃ためとなり人のためをおもへゑくへりくだあみなるとらふ奇霊《くしみたま》乃ことわりをさとり上《かミ》のおきてをつゝしミまもり職業《ショクゲフ》をさゝふちよくものの條理をわかつ

べしそのゆゑんハ古書《ふるきふみ》をよみて日本乃すぐれて正《ただ》しきくになることをさとり漢梵蘭《カンボンラン》の書《ふみ》をもまじへよろしく経《たて》と世《よゝ》の沿革《うつりかはり》をしり緯《ぬき》も萬國《くにぐに》風土《くにぶり》の異《こと》なりことをさとり萬國《くにぐ》の美《よきこと》を撰《えら》み集《あつ》めて日本乃教《をしへ》を大成《タイセイ》せんとおもふべしさまでもあらじともくちをしく唐土人《もろこしびと》乃下《しも》に立《た》んとするおもひぞ君《きみ》もつとめて日本の教《をしへ》を大成《タイセイ》し外國人《とつくにびと》まで学《まな》ばるべきほどの人才《ジンサイ》

「天保五年」

をつぎ〳〵まなびし」

これハ天保五年なる成業のうちなり維新以前
よりして世のなかの学思卑見ありといふし
あれこのこころを得てまで古文をとをも味ひその
くやしきをとあるをとうしとす故にこゝに一言を
添へて序文に代ふ。

明治三十三年八月

七十老人硯堂葉翁

天都詔詞太詔詞考一之上

大國隆正著
福羽美靜校

延喜式八卷祝詞式に見えたる、大祓詞に「天津詔詞太詔詞事乎宣禮」といふことあり。この祝詞を、俗には中臣祓といひて、神拜に必ずよむものとなりきたれるにより、註書もこれかれと多かれど、眞淵翁の祝詞考、宣長翁の後釋、此二書をおきては、上つ代の意をえて、よくとけりとおもふものあることなし、

高尚の後々釋といふものあれど、かの二翁の書にくらべてはいたくおとれるものなり。

その祝詞考に、天津詔詞太詔詞とは、やがて此祓祝詞をさすと見られたるのみにて、宣禮とあることばの解説なし、後釋に「宣禮とは仰することなれどもこゝは仰するにあらず、然れども、かならずかくいふべき語のはこびなり」とあり。それを後々釋にもときて、「宣禮とあるは、利を禮にうつしあやまれるな

り、宣禮といふハ仰する言にて、こゝハ、中臣のみづから宣ことをいふなればかなはず、必ず宣利といふべきところを、後釋に、かならず、宣禮といふへき語のはこびなりと説れたるハ、こゝろえぬことなり。さハいふまじき語のはこびとこそおもはるれ」といへり。人のなきあとに、人のいひおけることゞもをひきいでゝ、それをもどくハ、いとはしきことなから、いはでは道のあきらかならぬにより、せんかたなくこれをいふなり。これらの説、みなことのまことにかなはず。高尙ハその師説をもどきて、かならず宣利といふべきところぞといへれど、隆正がこゝろには、宣利もまたさはいふまじき語のはこびとこそおもはゆれ。語のはこびよりいへは、宣流といひもすべし、宣利とハかならずいふべきところにあらず。

對語をまつとき、宣利といひきることあれど、こゝは對語をまつところにあらず、有り居りなどの、りはつねの宣利などいふはたらきことばの格にあらねば例にならず、なにゝよりてかかゝるよしなきことをいひたりけん。

さりとて又宣《ノ》流《ル》の誤にもあらず、宣禮にてよくきこえたることなり。これ朝廷より大中臣におほせて、天津詔詞太詔詞事を、のらしめ給ふことをいへるなれば、宣禮にてよろしきなり。證あり次にいふへし。さてその天津詔詞太詔詞といふものは、別にありて、此大祓の祝詞のことにあらず、そをいかなるものぞといふに、神部の人の神拜にいふなる、ト、ホ、カミ、ヱミ、タメの五ッの神言になんありける。いでそのよしを委しくときて、世の惑ひをはらしてん。行成卿の權記に、行二向社頭一未レ讀二太宣之前一、先《キ》使三中臣讀二祓詞《ハラヘノリト》上、自行二解除式一とあるをみて、まづふとのりとゝはらへのりとゝは異なるものなることをさとるべし。また中臣をして、祓詞をよましむとある、使《シム》といふ文字によりて、宣禮と下知することのこゝろをもさとるべし。この記の文よくこの祓詞の文にかなへり。志かいふ包けれは、宣禮といふ語のつゞきに、如此久乃良波とあり、それとかの權記に、未レ讀二太宣《フトノリト》之前一とあるとよくかなへればなり、よくかなへりといふゆゑは乃良波と乃禮波とは、そのこゝろおなじからず、のらばゝいまたのらぬうちにいふことばなり。乃禮ばはすでにのれるのちにいふことばなり。祓詞にのらはとあるは、いまだのらねどものらばといふこゝろなり。かの未レ讀二太宣一之前、先使下中臣讀中祓詞上とあるによくかなひて、古言の用法みだりならぬことをさとるべし。かくまでときても、なほわからぬ人あるべし。今圖にあらはしてこれをしめすべし。

の——ら一（ん・ず・ば 未來）り二 る三 れ四（ど・ば）●

過去　のら一ば

現在　のれ四ば

一二三四とはたらくことばみなしかり、風のふから一ば、ふけ四ば、雨のふら一ばふれ四ばなど、みなこの差別あり。さばかり古言にくはしき人たち、いかでこの差別にこゝろのつかれざりけん。かくいへばまた、ふとのりとは舊說のごとく、祓詞のことなれど、よみをへさるうちにいふなれば、かくのらばといへるもの也と、まけじたましひに、いふものもあんめれど、かの權記に太宣《フトノリト》と祓詞《ハラヘノコトバ》とをわかちて、その前後をもわかちてあるをいかにせん。

太宣と祓詞とをわかちいへることと權記はかりにあらず、北山抄にもこれをわかちいへり、卷二曰、辨大夫、率二三省一進二出庭中一、先辨結申、次三省讀二申上宣《フトノリト》一、依レ例令レ祓、稱レ唯各復二本坐一云云、中臣着坐讀二祓詞一、先讀二宣命一訖、起坐、次行二大麻一と見えたり。三省は中務式部兵部の三省をいへり。この抄によりてみれば、官人《ツカサビト》もなは太宣《フトノリト》とをばよみしもの也。此文によりて考ふれば、官人の太宣とをよむといふはまへにありて、大中臣の太宣とをのるは祓詞をよみし後にあり。そは其祓ッ物へ太宣との、息をかくるにより、官人のは前にある也。その祓物に、また大中臣は太宣の息を吹かけてはらふことゝおぼえたり。ト、ホ、カミ、ヱミ、タメはみじかきにより、よむとはいふべからずなどいふ人もあるべし。ト、ホ、カミ、ヱミ、タメと五ツにわけていふをよむといへるなり。一《ヒト》二《フタ》三《ミ》四《ヨ》五《イツ》と數をわけていふをよむといふにおなじ。

上古の式はいかにありけん、もろこしざまもまじりて、北山抄權記のころは。上古の證になりがたきことおはかれど、これは古義の遺れるならんとおもふなり。

祓の式たしかならねど、からぶりをはなし、上古のさまにおしかへして考ふれバ、祓處に、人々祓物をもちいでゝ、それにむかひ、あやまちをあらためこゝろを清くして、いまよりのちあやまちあらじおかすことあらじ、おかすことあらじと心にちかひて、トホカミ、エミ、タメとよみて、そのよみたるいきを、かの祓物にふきかけて、かしこみをるを、大中臣たちいでゝ、祓の詔詞をよみ、さてのち、かのやはりにとりさきたる菅そを手にもちて、口にトホカミエミタメの神言をとなへつゝ、そのすがそにて、その祓物をはらひ、その祓物ハ、河原にすてゝ、貧民にとらしめ、その菅そに、罪けがれをあつめて、川に流したるものなるべく思ふなり。これを古義にて、そのゝち種々のわざハ、そへるものならんとおもふことなり。

心を清くし、あやまちをあらためなどいふを、漢心とおもふ人もあるべし。しからず、はらへハもと改るによりて、清まるわざなり。さるをあらためずしても、はらへだにすれバ、きよまるものとおもふハ、中々にから心なり。我神道ハ、心中のまことを旨とす。から人ハうはべをかざりて、心中にきたなき心をかくすによりてあしきなり。我國に生れて、我國の道にこゝろざすものは、心のそこより清くして、この祓の旨に達すべきことなり。つぎ〳〵にときわくるを見てさとるべし。

罪に顕露幽冥のふたつあり。顕露の罪ハ、公儀にてこれを誅したまひ、幽冥の罪は、鬼神これを誅したまふ。大祓にいへる罪は、幽冥の罪なり。人のゆるさぬをとるは、顕露の罪なり。盗賊はいふまでもなく、密夫もまた人のゆるさぬをとるなり。その期をすぐしてかへさゞるも、人のゆるさぬをとりてある也。かけごとをするも、おほやけよりゆるしたまはぬことなりすべて國の儀處の掟をおかすはゆるし給はぬをしひてする罪なり。あらそひ人にきずをつくるも、ゆるさゞることをする也。されば罪の綱目をわけてみれば、五ツなり。その五ツ、みな違令にかゝる違令は、やがて不忠なり

違令 ―― 盗賊 不仁
悉皆 ―― 姦夫 不義 不貞

不忠
　├賭博　不勤
　├殺人　不孝
　└慾期　不信

顯露の罪は、千萬度祓をしたりとて、清まるべきにもあらず、公儀よりゆるし給ふへくもあらず、祓をするものは、まづこの顯幽二罪の差別をしりて祓たにすれバいかなる罪ものがるゝものとおもふべからず、祓ハ幽の罪をはらひ、心を清くするわざなれバ、心清くだになれば、おのづから顯罪をも犯すべからぬわけなれバ、その心をえて心の底の幽冥界よりきよくすべきことになし、

天津罪國津罪の差別等ハ、本文にとくべけれど、まづその大要をいひおくべく、

國津罪のはじめにあげられし、生《イキ》膚《ハダ》斷《タチ》死《シニ》膚《ハダ》斷《タチ》ハ、ころすにいたらず、たゞ疵をつくるをいへる也、ころすにいたれバ、公儀より誅したまふにより、祓のかぎりにあらず、疵をつけたるまでにて殺すにいたらざれバ、あつかひにてすむ

もの也わつかひにてすむことハ、すみてもその罪ハなは幽界にのこるをもて、はらへして是を清むるなり、

これにて顯罪幽罪の差別をさとるべし、

白人胡久美は、顯誅をのかれし人の幽誅をうくるなり、犯罪ハ、姦陰なり、つねの姦夫とたがひて親族のうちにてさることあるにより、つねの姦夫のごとく公儀にあらはしがたきすぢあるにより幽罪也、この犯罪の、つねの姦夫にことなるよしをさとられ、顯罪幽罪の差別おのづからあきらかならん、これをあしくこゝろえてつねの姦夫ハこの國津罪にあげてあらざれバ、神のゆるしたまふことゝ思ふたぐひあり、いたくこゝろえをたがへたることなり、ある人つねの姦夫と、國つ罪の犯罪と、いづれかおもきとゝへるに、おのれこたへていはく輕重あることなし、たゞ顯罪と幽罪とのわかち也、たゞし親子の密通と、主從の密夫とを對にとり、母と子と犯せる罪云々を、親族朋友の妻妾と密通するにひきあてゝ見るべし、畜犯罪は、夫なき女と密通するにひきあてゝ見るべし、色慾の念の禁じがたきによりてす

るわさなればなり、是にて此義をわきまへ必ずしも密夫などしたるおぼえのあるものは、その非を悔て祓をなし、今よりのちを愼しむへし、昆虫高津神高津鳥の災も、また白人胡久美と同しく、顯誅をのがれし人の幽誅をうくる也、いつれをいつれとひきあてゝはいひがたけれど、まづ大やうは、顯誅幽誅をひきあてゝこゝろえおくべし、

顯誅
- 殺人死　盗賊死
- 逆叛死　異術死ヌ流
- 姦夫　强陰死
- 愆期　欺謀贖死ヌ流
- 賭博　怠業流

幽誅
- 高津神
- 高津鳥
- 昆虫
- 胡久美
- 白人

畜仆死蠱物爲《セシ》罪もて顯幽にわたりて、まづは幽冥にかゝれる罪なり、古へは幽罪にてありけれど、今は異術に屬して顯誅まぬかれがたかるべし、

ト、ホ、カミ、エ、ミ、タ、メこの五ッの神言のこゝろをうまくさとるときは、これら

の顯誅幽誅をのがるべきゆへよし、たのづからわかること也、これにより此こゝろを說て、人に罪科のおこる處、又それをのがるゝ道をしらしむべし、神言をとくまへに、この神言のおこりをとき示すべし、これをよくとかざるときハ、神言の妙あらはれがたきよしわれバ也、

今までの國學者たちの說れし處とハ、いたくたかひてあるにより、その心得にてみたまへかし、隆正か神典を說ハ、すべて今日眼前の日用をむねとしてとくことなれバ、そのこゝろして聞たまへ、

此天地ハ、もと日輪よりおこれるものなり、日輪より地球ハわかれいでたるものになん、

これまでの國學者ハ、皆地球より日輪ハいでたるものとおもひてあるを、かくとくにより、まづきゝおけることに、たがひてあやしむなるべし、儒佛の學者ハ、もとより日球地球ハ別なるものとおもひて、この本末の論にハいわたるべからず、

これにより日輪を本として地球を末とす、この本末の理をよくわきまへて、

よくこの本末にしたがふときは天下の大道をやすくさとること也、

道をしることは、かたからず、たゞ道を信ずることかたしとす、道は眼前にありて、よくしれたることなれど、そのおこりを信ぜざるにより、その眼前の道も明らかならざる也、

君父夫は日のごとく、臣子婦は地のごときもの也地のごときもの、よく日の如きものに從ふときは、やすくことたひらかなり、しか守るときは、違令の罪おこることとなし、

顯罰幽罰をわくるにも及ばず、

しかはあれど、人心ひとしきことあたはず、地をもとゝし日を後にするものあるにより、世の中はみだるゝことあるなり、上にもまた天つ神あり下よりまたいさめ奉らざることをえず、

これは古今の沿革をみていふなり

此天地のいできはじめのことは、神の傳へにあらずしてしるべきよしなし、唐土天竺、その外の國々にも、天地のいできはじめの神の傳へあれども、わか

國につたはる古事バかりくはしく實なるハあらず、唐土天竺を始、萬國の人みな是によりて天地のはじめを定むへき、ひろく高くたぐひなき天地の實なるを、外國《トツクニ》の人々の志らてすくすハはかなきことなり、外國の人々ハ、この古事を聞もせず見もせざるによりて、志らざるもことはりなれど、我國に生れてこれを見も聞もせざる人あるハ口をしきかぎりなり、また見ても聞てもわからぬにより、思ひおとし、なほ外國の説に志たがひをるたぐひハことに口をしきことなり、またよく古言を志りて説わけなから、そのむねさとりえざるものハ、またさらに口をしきことになん、

近年古學といふことおこりて、本居翁平田翁、古今傑出の才ありて、これをひらかれたれど、なほあかぬことおほかり、是によりおのれふ才をかへり見ず、それらの英傑の説にもとりて、又一家の機軸をいだせり、これハ好みて出したるにあらず、おのづからいでたるものになん、

さてその神の傳へハ、此天地のはじめを浮脂のごときものといへり、今萬物の種子のそのはじめを見るに、浮脂のごとき物にあらぬハなし。人の精液を

はじめ、草木のはなおちなど、みな浮脂のごときものになん。是によりて天地のはじめも、またうきあぶらのごときものにてありしことを志るべし、
さるを本居翁も平田翁も此説を信せず、浮膏のごとしといふハ、たゞそのたゞよへるさまをたとへたるもの也とて、古史成文にいたりてハ、此文をはぶかれたるぞ口をしき、

天地初發の浮脂ハ、日輪となれるものにて、そのあぶらいまなほやまず、わきいづるによりて、日輪の外邊萬古もえやまざるもの也、
日輪の實体をもおしきはめずして、天地をとかんとするハればつかなきことゝなり、

古傳にあしかびの如く、もえあがるとあるハ、日輪より地球のわかれいでたることをいへるもの也。日輪ハ上にあり。地球ハ下にあり、もえあがるとはいふべからずなどれもふたぐひ、天地を志らざるものハせんかたなきもの也、辨するに及ばず辨ずるに及ばずとハれもへど、いさゝかいふへし、

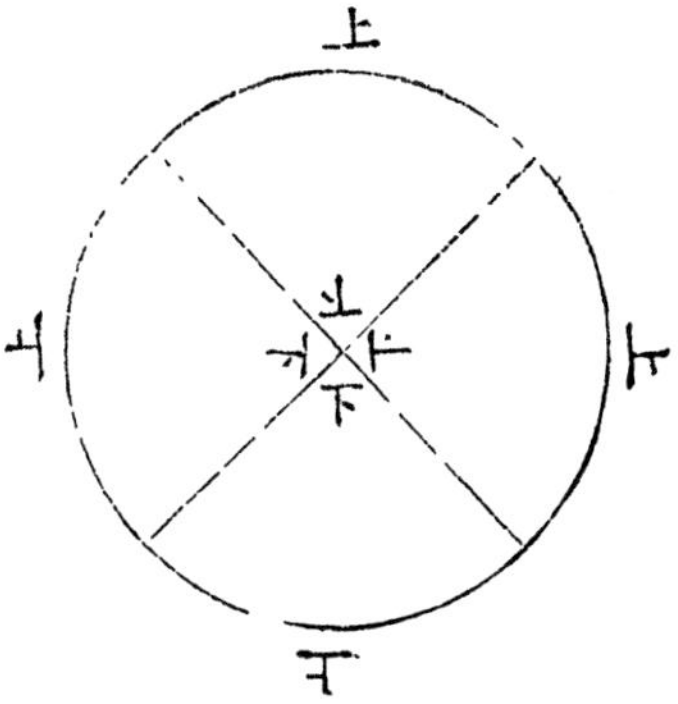

人は一隅をしりて三隅をしらざるにより、眞の上下をおもはざる也あがるは中點より四方へ對するをいふ、この圖を見てもなほさとり得ざる頑愚人はせんかたなし、

そは宇麻志阿斯訶備比古遲といふ名によりても、しらるゝなり、宇麻志は產石にて、金石のたくひ、阿斯訶備は植《ウヱ》物《モノ》、比古遲は動物、この三ッのもの〻めぐりによりつきて、おつることとなかるべき、ひとつの塊物の、日中よりわかれ出たるを、如葦牙萠騰とかたりつたへたるものになむ、

隆正が說處はかくの如く世中の說にたがへり、これにより、本居學平田學をする人より、いたくにくまるゝなり、いかはかりにくまれても、天地のまことをまぐべきにあらねば、おしはりてこの說をいふ也、もしまた誠にわが此說を破らんとおもふものあらば、神代記紀をよくときをは

りてのち破るべし、あがるといふ詞をわきまへぬくらゐの淺學にて、破らんとするものゝいふことゝ耳にもかけじいひもおこし給ふな、かへりこともせじ、

さてそのわかれいでたる地球へ、伊邪那岐伊邪那美命天降て、世界を立たまへり、伊邪那岐命ハ日輪よりいでたまへる神なり、これによりついに日の少宮に歸り給へり、伊邪那美命は、地底よりいでたまへる神也、是によりつひに黄泉の國へかへり給へり、伊邪那岐命は日中より出給へる神靈なるにより、上に位してたふとく、伊邪那美命は地底よりいでたまへる神なるにより、下に位していやしくおはしましゝなり、これは淤母陀琉、訶斯古泥の理りなり、面足は日の德也、惶根ハ地の德なり、

これらのこと委しくハ古傳通解にしるしおけるにより、それを見てさとり給へ、

さて此二柱の神みとのまぐはひして、はじめに蛭子を生給ひ、後に大八島の國を生たまへり、蛭子ハもろこし人のいふ盤古氏のことにて、唐土よりさき

の地つゞき、みな蛭子の神の身体よりなれる國なり、

我神傳ハ廣大なり、いはゆる五大洲ハいふまでもなく、日月星辰ことごとく、古事記上卷のうちにこもりてあり、蛭子ハ神にあらず國なり、それ古事記に爲《オモフハ》生成國土奈何とあるによりて、蛭子ハ國土なることを志り、既生國竟更生神とあるによりて、蛭子ハ神にあらざることをさとるべし、漢土の古傳に盤古氏のかしらの泰山となれることをいへり、これらよくわか古傳にかなへることなり、これらのことを儒學者ハ荒唐不經といへども、まことハ正しき傳へなり、伊邪那美命の屎ハ埴土《ハニ》となり、ゆまりの水となれるたぐひ、地球より埴土を出し、水をいだすをいへるにて、漢土の盤古氏の古傳とおもむきを同しくせり、さらば寓言かといふに志からず、地の精かゝりに人のかたちをあらはしても、のゝ精をうみいだし給へハ、それにつきて本の地より、その物をいだせる故也、水波能賣《ミツハノメ》神ハ、水の精也、その精をその神身より出したまへれバ、それにひかれて、地球上ハいづくよりも水をいだせるものにて、その機關廣大なるもの

也、此旨に達せざればゞ、神代の古事ハわかるものにあらず
さてその蛭子を生給ふまへに、伊邪那美命女休にして先言したまへり、その先言をあらためたまはずして生給へるハ蛭子也、これにより漢土より以西の國ハみな、下克上の風俗あり、其後改言して大八洲國をうみ給へるにより、日本國ハよくその根本を奉ずる國なり、是により皇統連綿としてたえたまはず、忠孝貞もまた外國にすぐれてある也、大將軍家より朝廷を尊みたまふハ、いはまくもかしこけれど、忠也、忠のもとなり諸大名の大將軍家の命令に從ひ給ふも忠なり、又大名の家來のよく命令に從ふも忠也、擧國の民よく時のみのり掟を守るも忠也、家業を勤めて先祖の祭をたゝずおの〳〵家をおこさんとはげむハ孝也、婦人ハよく夫に從ひて他し心なく、しうと姑によくつかへ、うみの子まゝ子のへだてなく子をよくをしへそだつるハ貞也、是を日本國の古風とす、これを守る人を神道に從ふ人といふへきなり、本學の旨をえたる人といふべきなり、
朝夕このこゝろをつくして、しばしもわするべからず、しかるを儒學者

の中には日本國はもと道もをしへもなかりし國なりしを、唐土の道わたりきてより、聖人のをしへをしり、風俗正しくなりたりとおもふたぐひもあり、あさましきことろえなり、それは五六十年もまへの儒者の心得にて、今はさるおろかなる儒者はあらぬなり、

さて其女人先言したまひて、心にかなはぬ國を生給へるにより、その國をながし給ひ、さらに天上にのぼりて、大命を乞給へるとき、天神これに太占《フトマニ》をさづけたまへり、太占にまちがたといふものあり、これをくしまちともいへり、そのくしまちに名あり、ト、ホ、カミ、ヱミ、タメといふ、これは天上の元神の地上をつくり給ふ神にさづけたまへる神言なるにより、是を天津詔詞太詔詞事といへるもの也、その證は延喜式神名帳に左京にト庭神二坐ればしますこれをくしまちのみことゝ、天津詔詞太詔詞命といへり、この二神ならびましまして、ト庭にあづかりたまふをもて、フトマニのまちがたをくしまちといひ、その詞を天津詔詞太詔詞といへることをさとるべし、また釋日本紀に見えて、龜ト傳といふもの今も寫本にて傳はりて、それに太占祝詞《フトマニノノリト》あり、

これを龜卜祭文といふハ、フトマニを中古より、龜卜といひ、祝詞を祭文といへる俗稱にしたがひて、龜卜祭文といへども、實ハ太占祝詞といふべきものなり、この太占祝詞を、古學者ハ僞作といひなせども、古文なり、僞作にあらず、此文のことハ、神字原にいひおけるによりいまはいはず、その祝詞の大意ハ、高天原にてハ、白眞鹿《シロマカ》、太占《フトマニ》につかへまつりしを、天孫降臨の御先にたちし、龜津比女《カメツヒメ》命鹿にかはりて太卜につかへまつりしにより、天津詔詞太詔詞命といふ御名をたまはりて、太卜につかへ奉るといふことなり、その龜津比女といふもの雌女之命の又の御名にて、その雌女之命といふ神ハ龜の精にてありけんかし、

いまオタフクといふものハ雌女之命のみかほをうつしたるものにてそれを「おかめのおもて」といふもよしありげ也、

いまうずまきといふものあり、まるをかさねたるもの也、

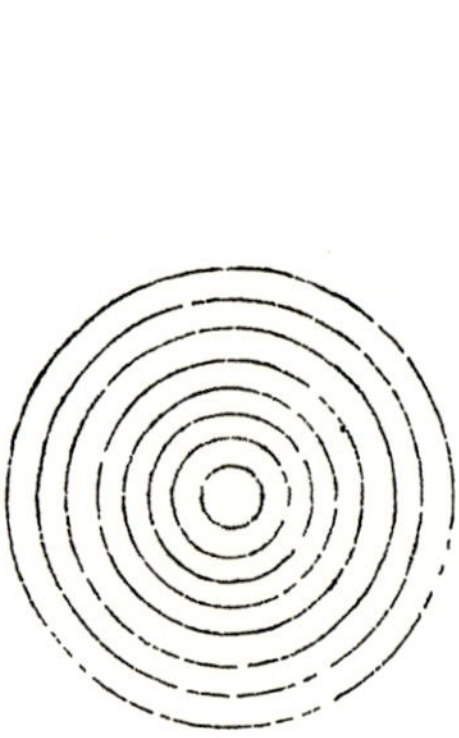

龜の甲を見るに、六角にてはあれど、かくのことき あやあり、このかたちをとりて、うずまきといふにやあらん、うずくら、その外も、うずと古へいへるものは、龜の甲よりおこれるものにやあらん、六をかくしたるときのかたち、おのづからうずのかたちあり、雄《ヲス》女之命といふも是よりおこれるものとおもふ也

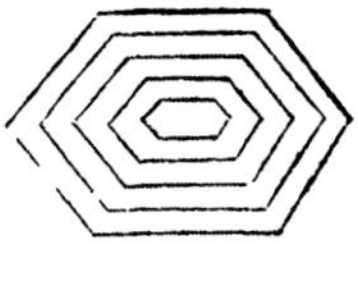

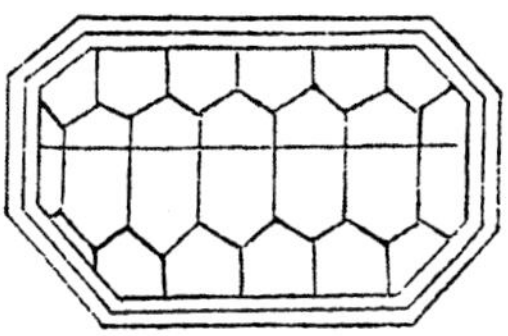

龜卜祭文に雄女之命の又御名といふことはなけれど、御先につかへ奉りきとあるにつきて、たゞさもやありけんとおもふよしをいふなり、そはとまれト、ホ、カミ、エミ、タメの五ッ、やがて天津詔詞太詔詞事なることは、その祝詞にてあきらかにしられたり、かのト庭の二神のことによくかなへり。

かくしまちのくしは奇の字のこゝろ也、まちは區の字の意なり、くのごときかたちのくしきをいふことば也、まちがたも區形の心也、しか奇區と天津詔詞太詔詞のことを定めてさてのちたちかへり、古事記の本文を說べし、伊邪那岐命に太占をさづけたまへるとき、卜圖卜文をあたへたまはずしては、なにゝよりてかうらなひ給ふべき、本文に卜圖卜文のことなしとて、其ものなしとすべからず、ふかくおもふべきこと也、

布《フ》斗《ト》麻《マ》邇《ニ》爾《ニ》卜《ウラ》相《ヘ》而《テ》を天神のうらへ給へることに古人みなときてあれども、このとき卜圖卜文をあたへたまへるは、天神にて、うらへ給へるは伊邪那岐命なり、しか見るときは其ときのありさまよくしらるゝなり、

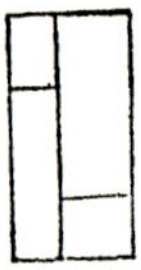

さてその圖をみるに中の竪書《タテ》は天之御中主命にあたり、左の高きは高御產巢日神にあたり、右の低きは神產巢日神にあたれり、またこのときにあたりていへは、中の竪書は天之御柱にあたり、左の高きは伊邪那岐命にあたり、右のひくきは伊邪那美命にあたれり、

左の高きは日輪のくらゐ也、君父夫のくらゐ也、右のひくきは地球の位也、臣

子婦のくらゐなり、これに生殺順環の妙理あり、人と稻と反對の妙理も、これにつきてしらるゝ也、さま〳〵の妙理をそなへし此區《マチ》象《カタ》をあたへ給ひ、話語の基をそなへたる五ッの神言をそへて、たまへること、實に尊きことなりかし。おふきても仰くべきハ、此神言神圖也人の解えぬをいかゝはせん、神圖のことハ別にとくべし、いまいさゝか神言をとくべき也、とハ敏しとき・とくとはたらくとなり、ほハ欲し欲しき欲しくとはたらくはなり、又とハ時《トキ》也、處《トコロ》なり、徒《トモ》也、またほハ帆《ホ》なり、穗《ホ》也、秀《ホ》なり、とハ對して見るべき神言也、「とハ今也、ほハ未來也、ほを今とすれバかへりてとハ未來となるもの也、人ハとよりおこりて秀にいたり、稻ハ穗よりおこりて處にいたる、

天地のはじめいまだ人も稻もなかりしとき、人と稻とをつくるべき、その指圖をたまへるもの也

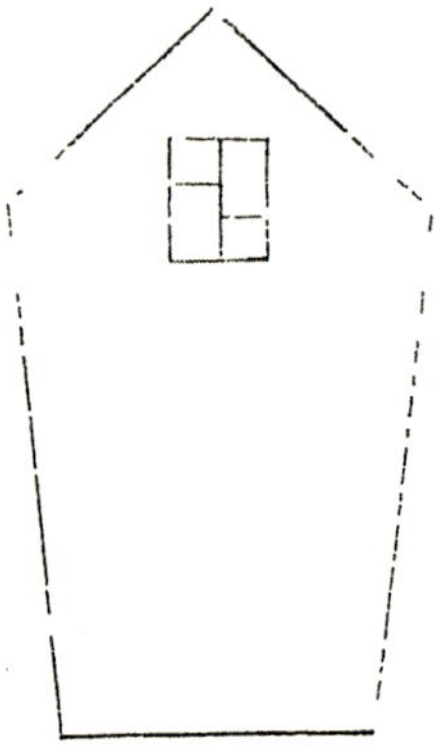

太卜全圖

中よりぬきいだしてその名所を示す

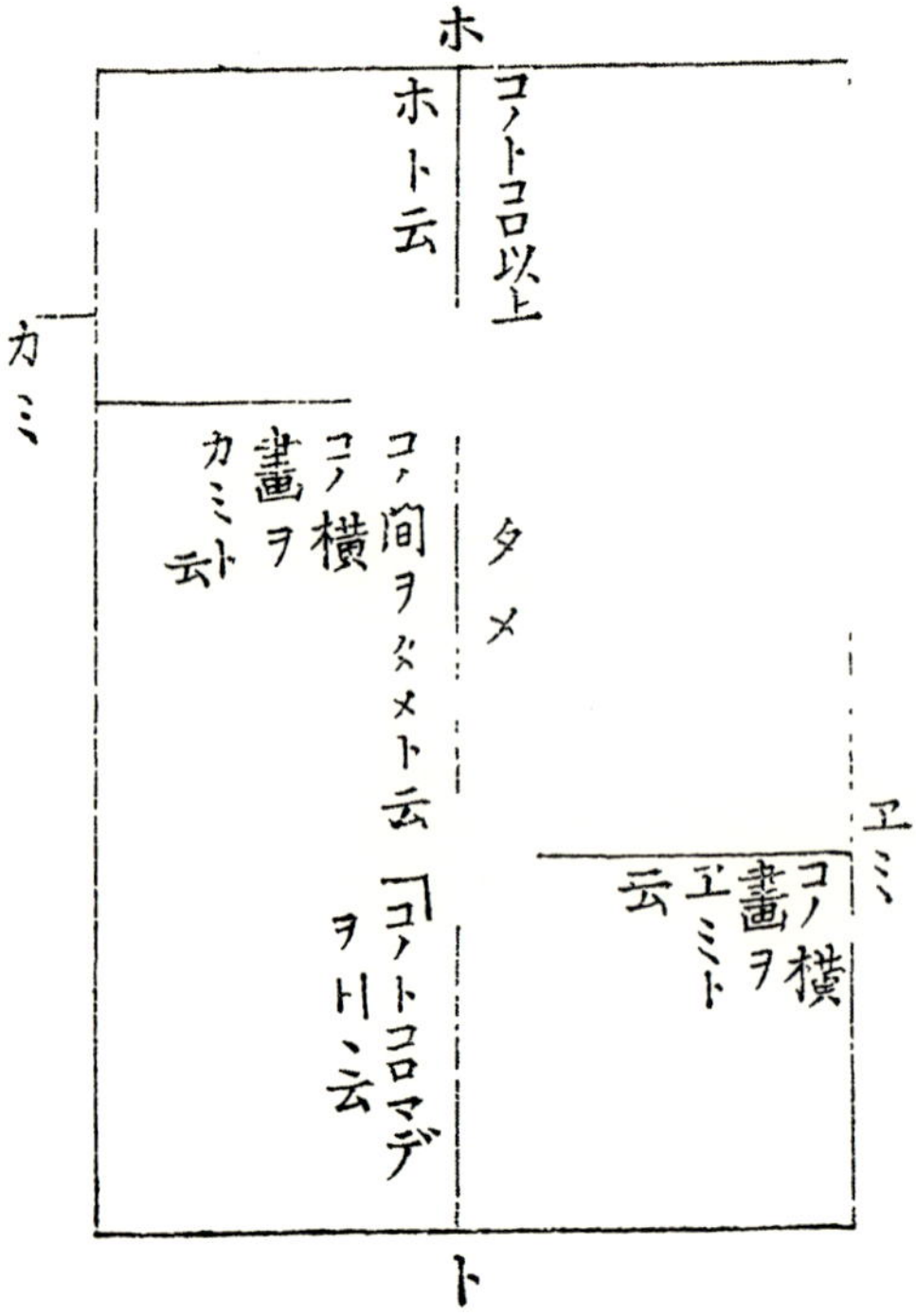

稲ハ食となる實の中に種あり
食ト種トヲワケズ

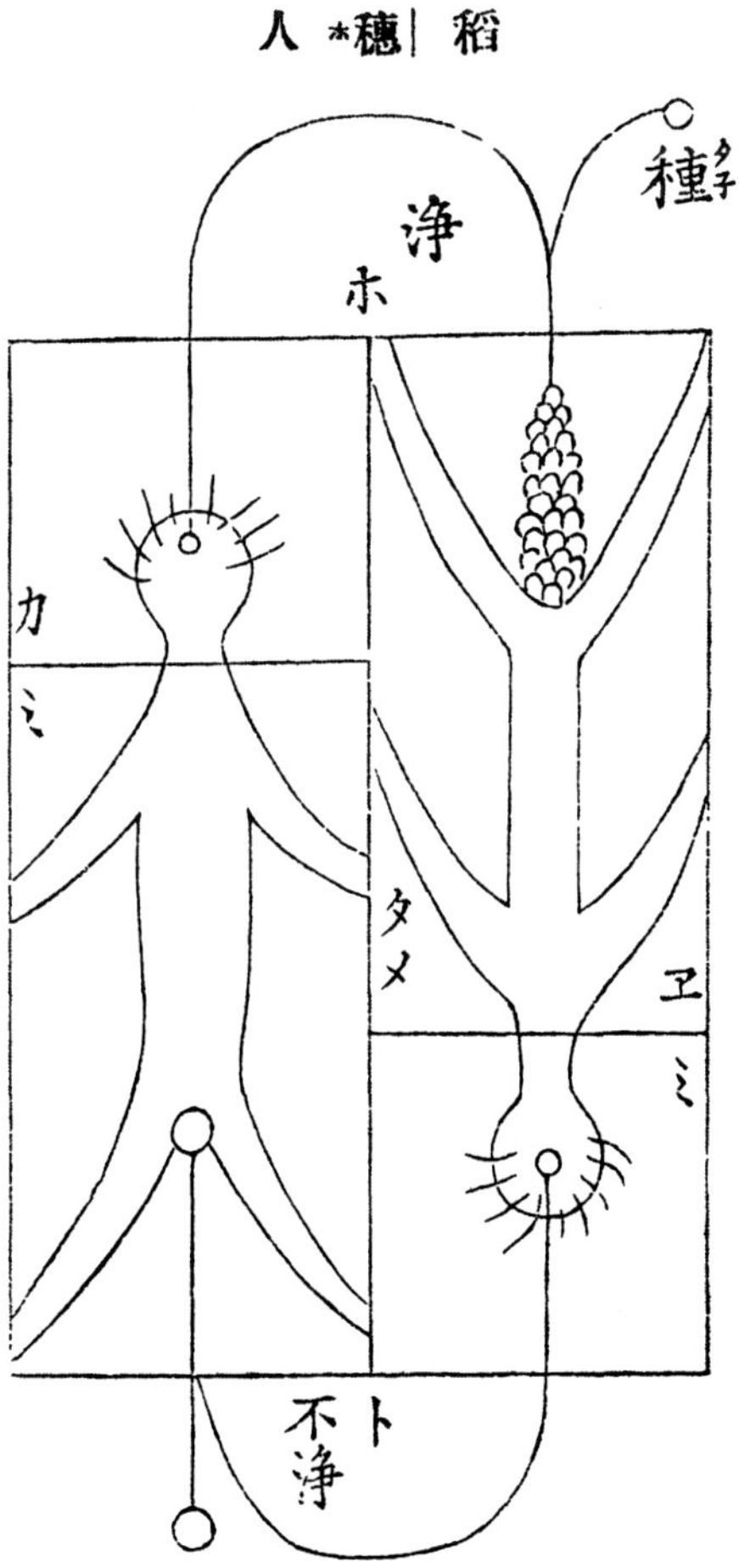

タメハ為也、人ハ稲のために身をつくし稲ハ人のために實を結ふ

稲ノ穎《ヱミ》ヱミわれて芽を出す處

稲の食となる大小便に人種ハなし

人ハ不浄と種と一ツ處より出て別なり

上《カミ》嘴《カミ》 首《クビ》より上をカミといふ

ミトのまぐはひのトこれ也

此とき人の形ハ伊邪那美命あらはしおはしましけれども、氣をすひて食とし、いまだ稲ハあらざりしなり、この後うゑといふことをおぼえたまへるとき、この指圖の太トに、おはせて、いねといふものをつくり出し給ふべく、まづ

保食神《ウケモチノ》といふ神を生給ひ、後にその身より稲の種をいだし給へるものなり、造化の理にとからぬものハ此むねをえがたくおもふなるへし、稲をいださんとして、たゝちに稲をいたし給はず、まづ五穀の種をあつめたる人身を造り、月讀命の食欲忿怒のこゝろより、これをころさしめ、その人身より稲の種をえたまへる也、

まつ人身を伊邪那岐伊邪那美命のえたまへるそのみなもとより説て、これらのまどひを示すべし、「神代巻をよくどかんとするハ、容易きものにあらず、よく〳〵今の天地を志り究理をこまやかになしおきて後に見るべきもの也、

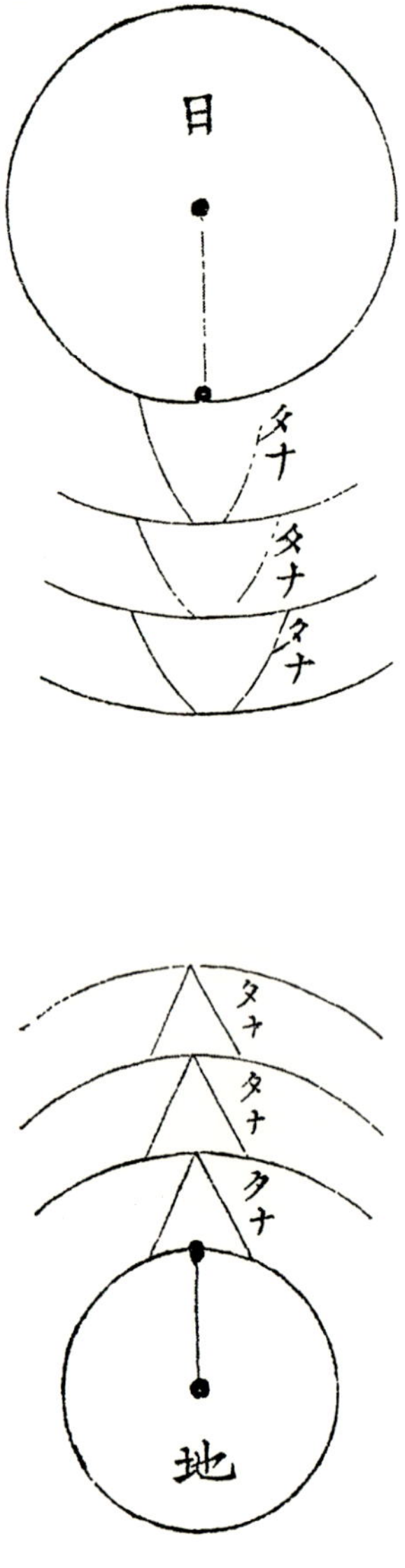

日輪に日輪よりたけて地球をかむ氣あり、それその中點よりおこれり、地球にも又地球よりたけて日輪をかむ氣あり、これもまたその中點よりおこれるものなり。天之御中主神の次に、高御産巣日神おはします、高は生《タ》長《ケ》なり、その次に神産巣日神おはします、さて其あひうむ神靈、日と地との間にてむすはりあひ、まつ男女の神身をえたまはり

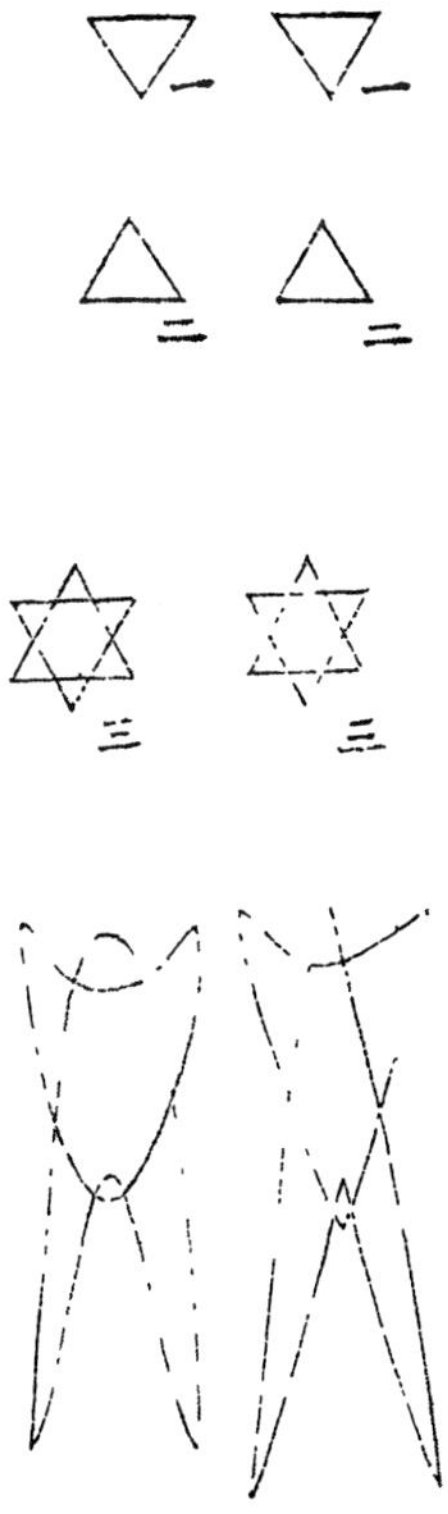

首と兩手は天にひかれ、陰具と兩足は地にひかれて、此かたちをなせるものなり

この神身を布斗麻爾半面の圖にいれておもふべし

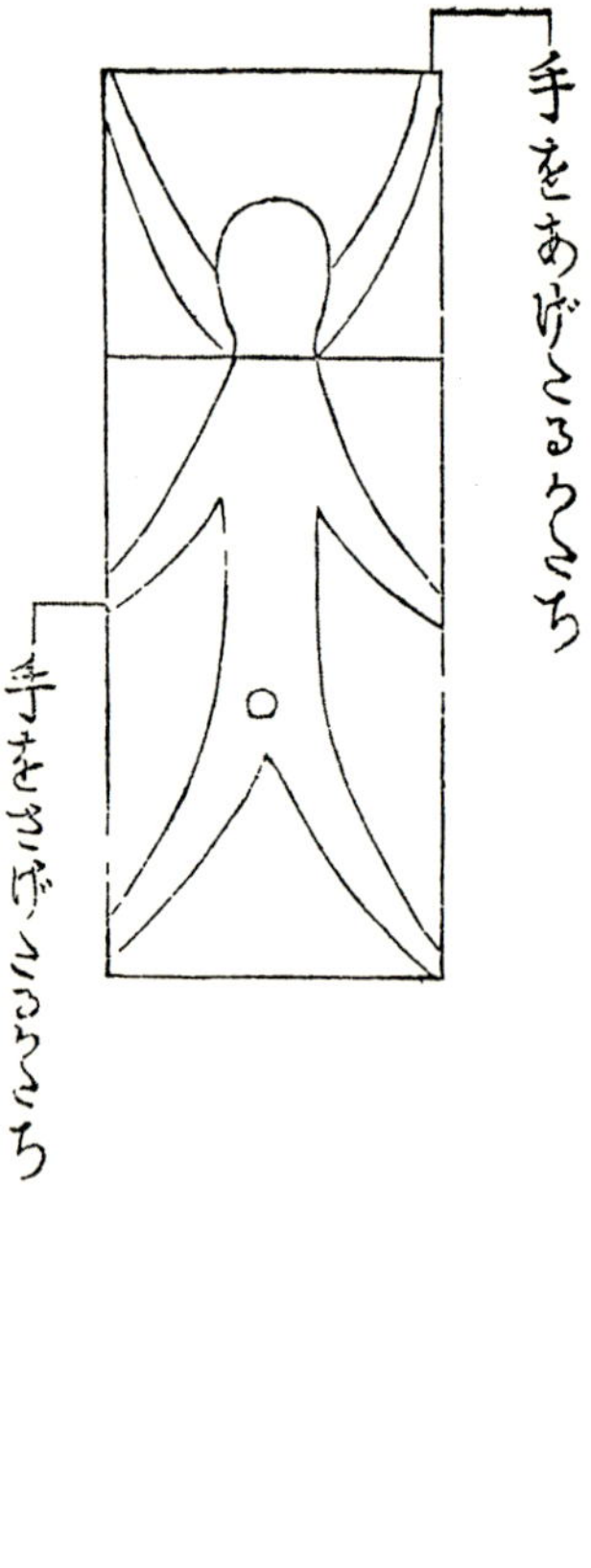

苗代に稲のめたしあり、とりてこれを見るへし

かくのごと

きかたちのもの也、さかさまにして見るべし、

かくのごとき

もの也、うゑて、のちはをいたすときをみるへし

葉を出すハ日光の照臨し給ふによること也、日光ハかたちなくして稲《イネ》にか

たちあり、日光もしかたちあらハ、人体にかはることなかるべし、

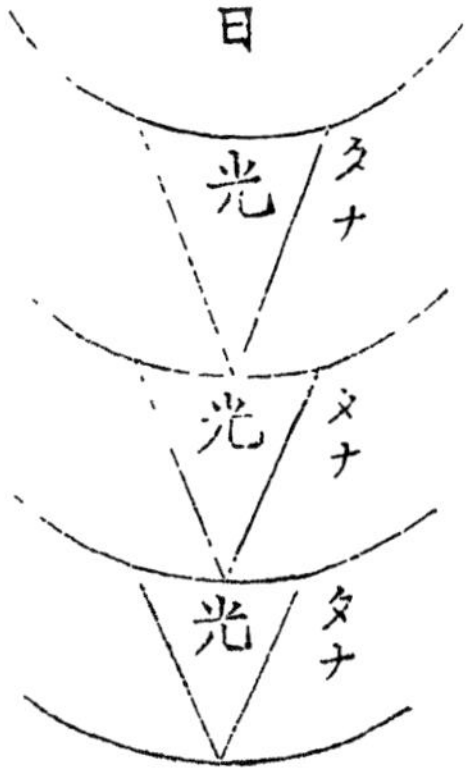

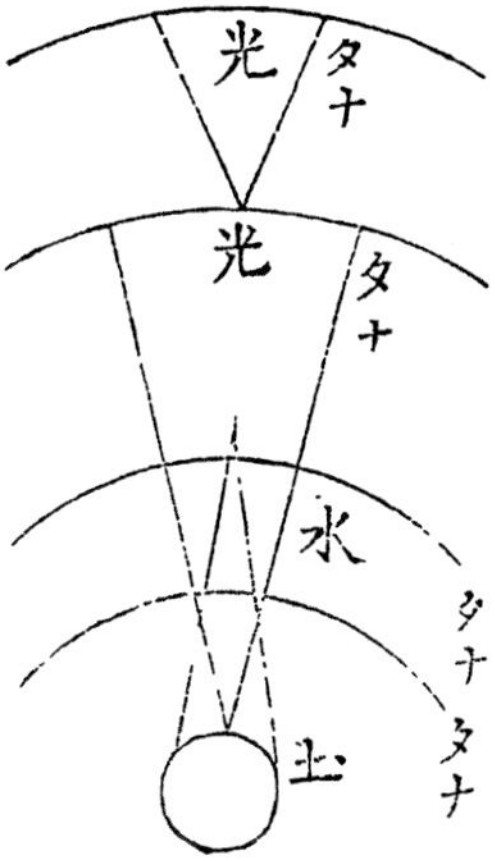

かたちこそ見えね日光きたりて稲を照らし、稲の芽より入りて根をつらぬき、根にこもれる火氣をひきおこしあげて、實をむすばしめたまふ也、かくの如く人身のおこりと稲のおこりとを定めおきて、たちかへり古事を思ふへし

天照大御神と月讀命とハ伊邪那岐命の左右の眼よりなり出たまへる神にておはします、

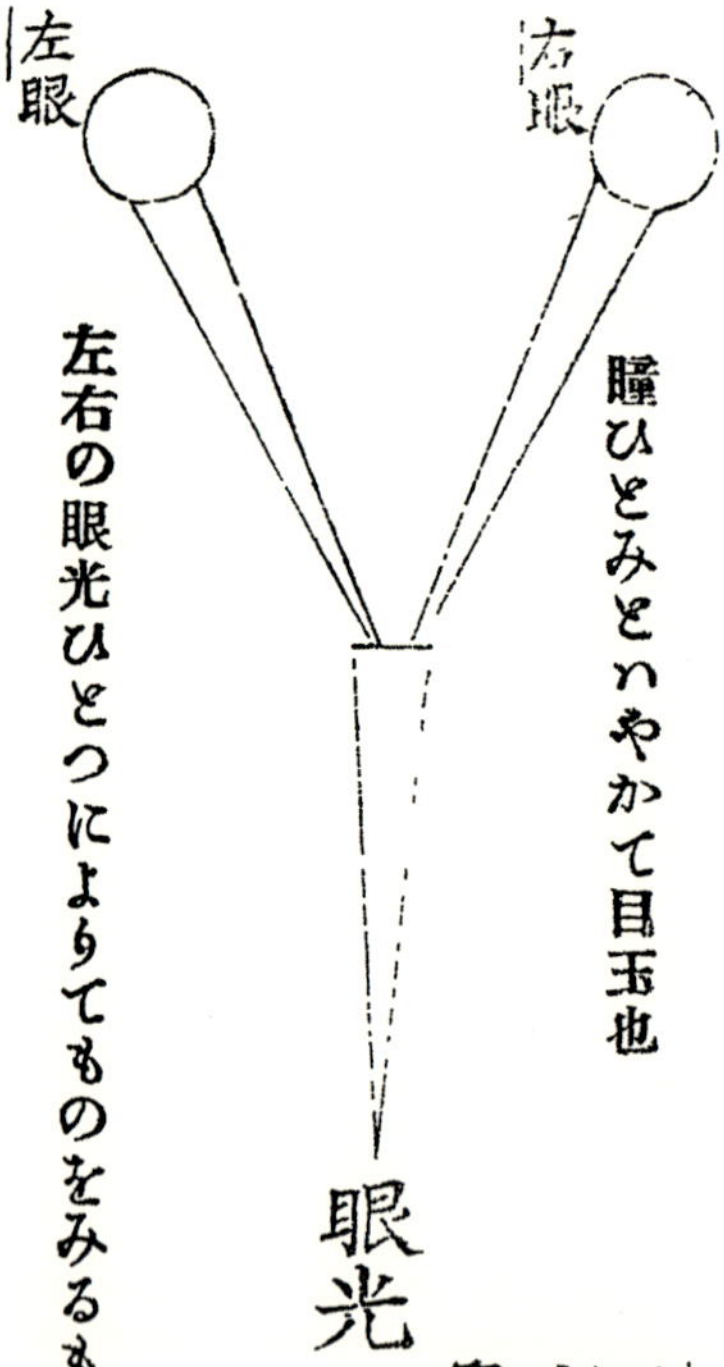
右眼
左眼
瞳ひとみとハやかて目玉也
左右の眼光ひとつによりてものをみるもの也
眼光

ひとみハ人實《ヒトミ》の心也、稲の實のごときもの也

いまもなは眼光ハ、日光月光と、光を合せてものを見る、日月の光を發することと、稲より芽をいたすにかはることなし、瞳より光を發すもまたおなじ

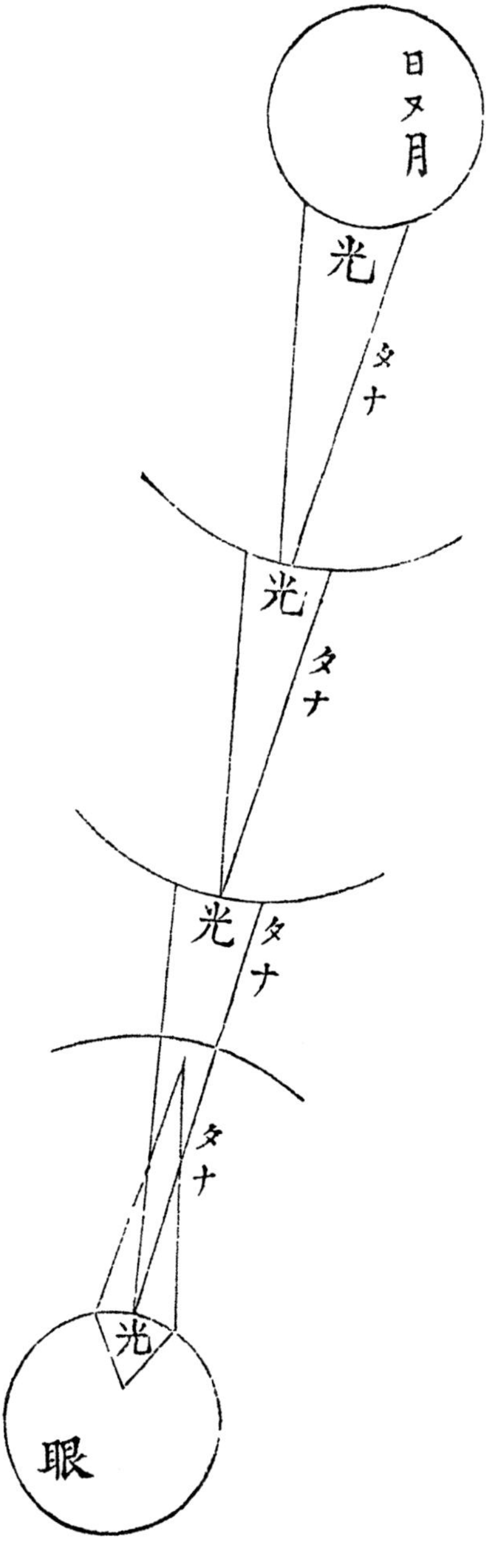

眼光と日光とひかりを合せ、物影をひきて、瞳に入れて見るもの也、よくこの理を志るときハ、

天照大御神の眼より出たまへる神なることうたがふにたらぬことと也

伊邪那岐命ハもと天日よりいで給へる神靈なり、地にむすばれて神身をあらはしたまへるもの也、

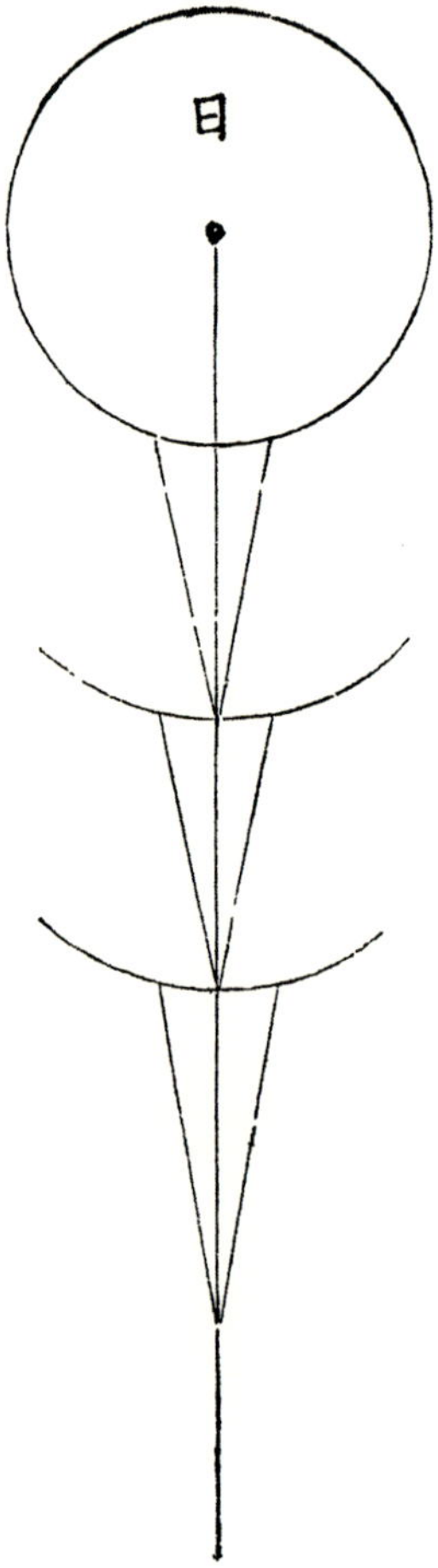

日輪にもと靈火あり、その靈火を地球上へあらはし給へるとき、靈のまた靈なるもの、伊邪那岐命の神身の眼にとゞまり、身曾岐のときよにあらはれ出給へるを、天照大神といふ

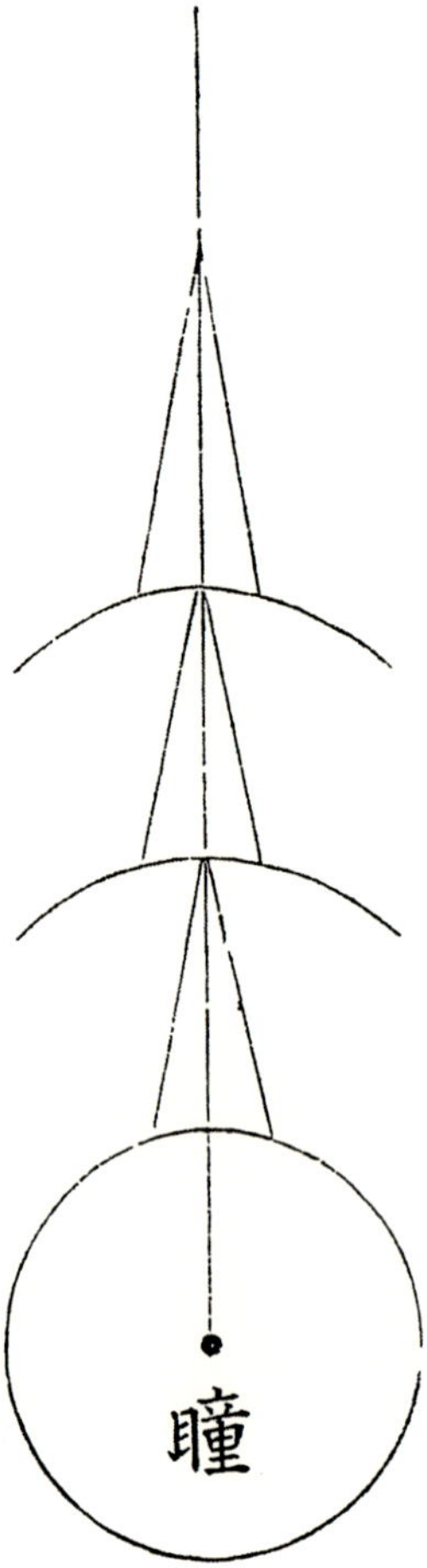

神霊にして神身あり、神身は日地の相引によりてなれるもの也、

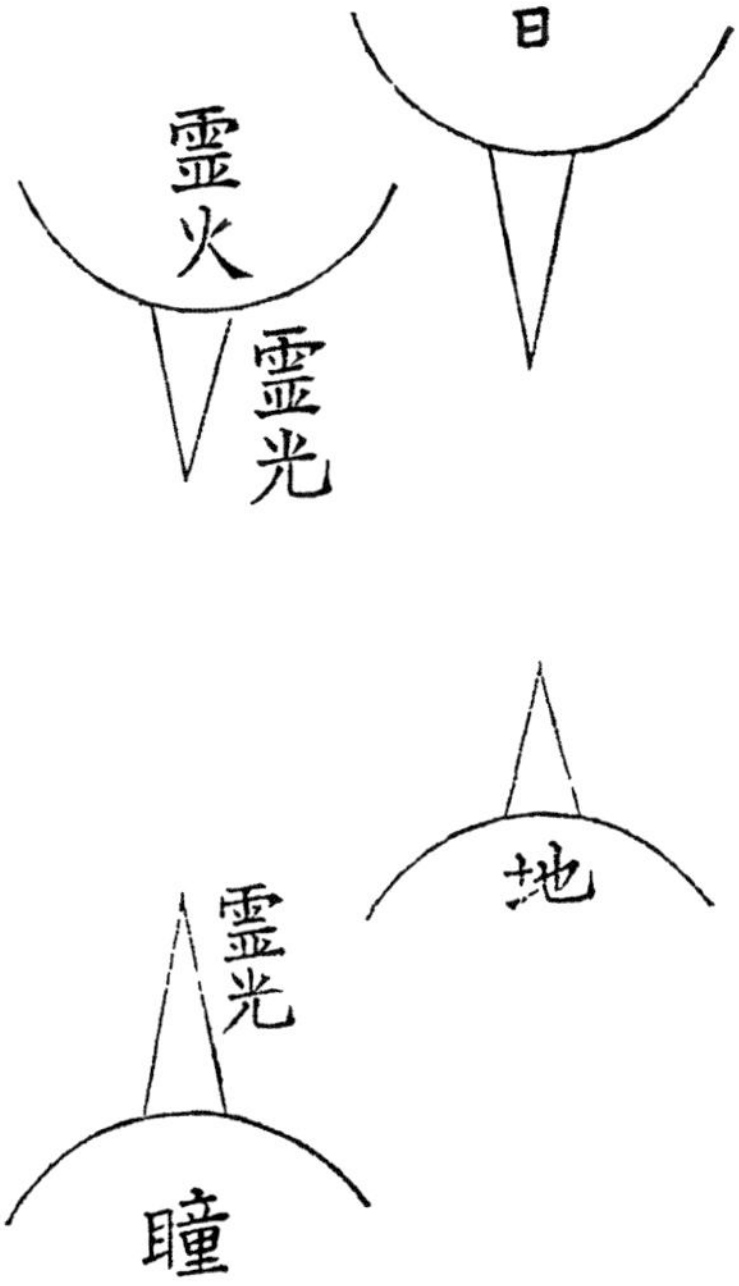

伊邪那岐命の瞳の霊光と、日輪霊火の霊光と、光を合せて神身を結ひたまへるものなり、

日輪中根元の霊にひかれて、天照大御神の神身は、高天原に上り、長く高天原に神留りましますす也、その神光、また地球を照して、地球上生類の眼と光を合せ、また地球上植物の芽と光を合せておはします、植物の芽は天につき、石物の量《メ》は地につき、生類の眼は天地につきてあるもの也、

芽《メ》、量《メ》、眼《メ》三ッのめのことハ、タメの條下にて又委くこれを解べし

さてその保食神の眼《メ》より稲種《イナダネ》ハいでたるものなり、伊邪那岐命の右の眼よ

り出たまへる月讀命、保食神をころしたまひ、その神身の眼よりいでたる稻種を、伊邪那岐命の左の眼よりいでたまへる天照大神みそなはして、青人草のくひていくべきものなりとて、天の長田にうゑ給へること、その妙理いふはかりもなきもの也

くはしくは古傳通解にいふを見てしるべし

その稻種を日本國の食物とさためて、天孫降臨のときつけてくたし給へるを、としことにうゑたてゝ、その種いまにたえず、いとうれしき神議になん、此時にいたりて、その始にさずけ給へる神圖神言の妙あらはれて、ト、ホ、カ、ミ、エミ、タメの功なれるもの也、このときより、神化世界をはなれて、今の種化世界となりたるもの也「此差別をしらぬものには神理ハかたりがたし、神化世界の時は、無形の靈氣より有形の萬物を化しいだせるもになん、されどもなほ種化世界のいまと、その理ハかはらずして、日地合体せざれハならざりしもの也、みだりになせるものにはあらず、

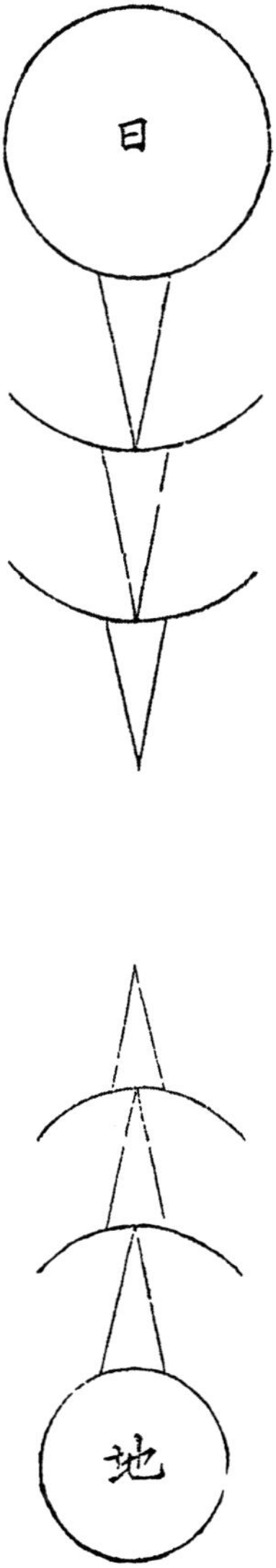

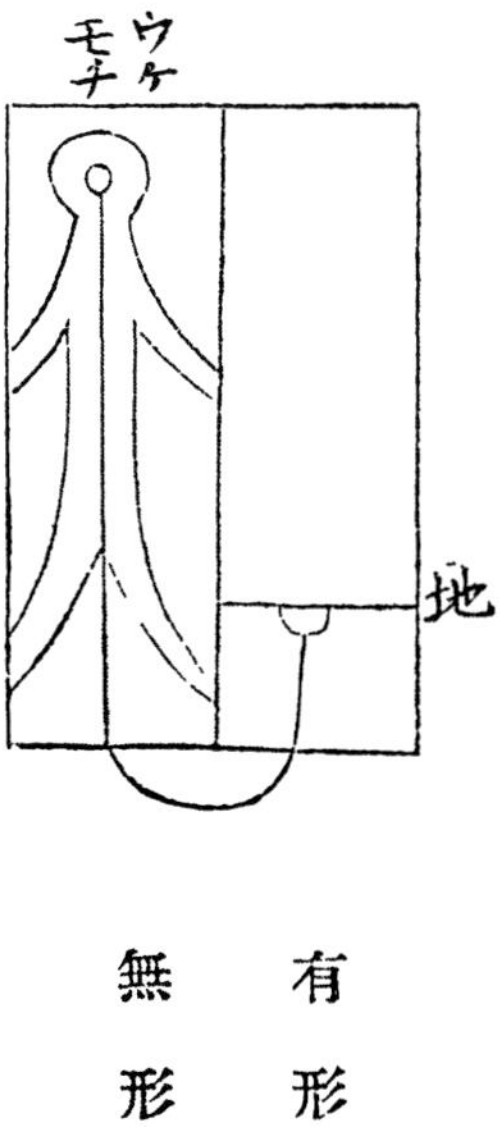

これハ稲種の圖也、稲種ハかりにあらず、萬物みな神化世界にハ無形の神身よりいでたるものなり、

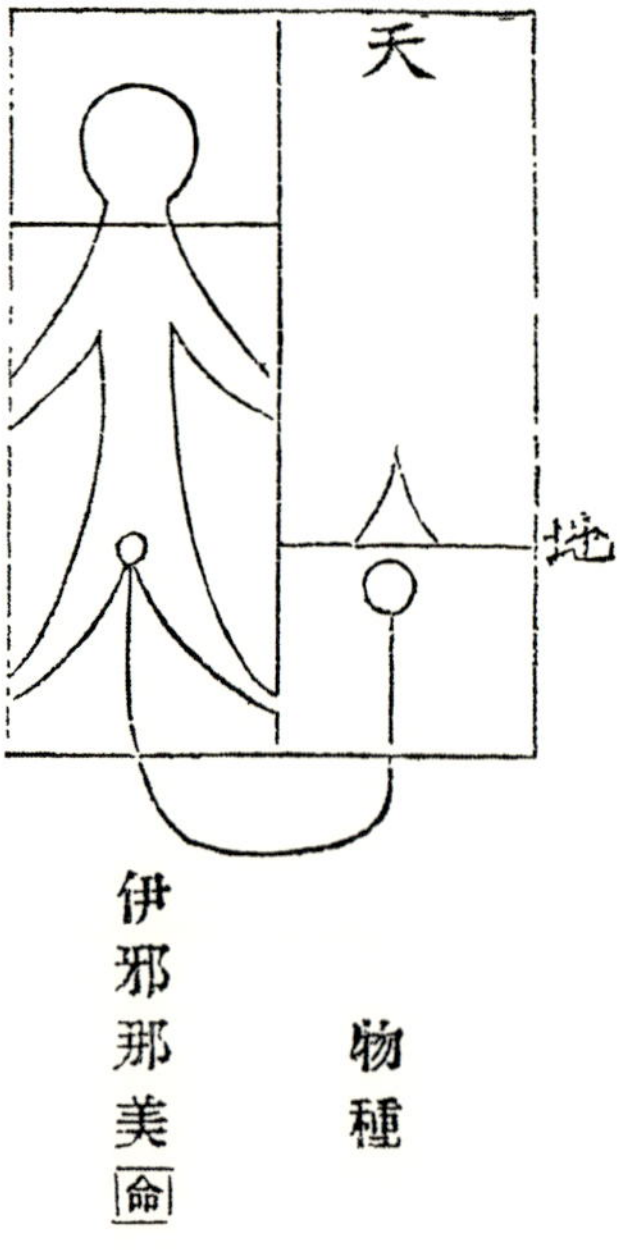

萬物はみな神身の所化なることをさとりて、種化世界の今をしるべし、

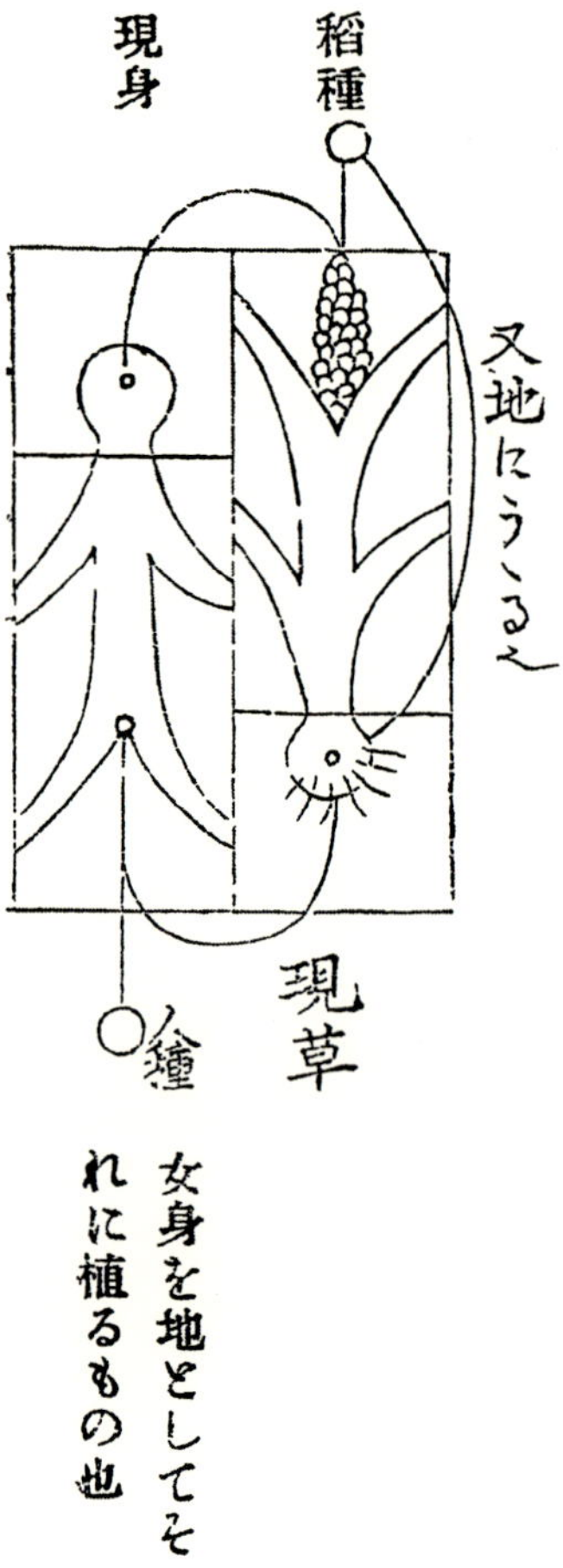

(ト)ハ處なり、處は地球なり、國土なり、地球上をたしならして三山六海一平地といへり、トハ物の入り出る處を云、戸もいでいりする處也、門もいでいりするところなり、海には海戸をわたる船あり、山また里には、處《ト》をなして人すむ也、門あり戸あり、夜はたて晝はあけて融通するもの也、是によりてトと云ことばに開閉あることをしるべし、敏しといふは閉つることもはやく、開くることもはやきをいふ、閉べきを見てとぢて入れず、開くべきを見てあけてとほす、是を事に敏き人といふなり、人のいふ詞に聞入てよきことあり、聞入てあしきことあり、善を勸る人の詞は耳《ミミ》の戸《ト》をひらきてうちに聞いるべし、惡を勸る人の言は、耳の門をとぢてこれをうちにきゝいるべからず、このあけたてにはやき人を道に敏き人といふなり、しかるをこれに反し、善言をは耳を閉てきかず、惡言をは耳をひらきて聞く人あり、これを惡事に敏き人といふなり、天上高天原にひかるゝ人は、道にとくして、地下黃泉國にひかるゝ人は惡にとし、忠孝貞は天上にひかるゝこゝろ也、不忠不孝不貞は地下にひかるゝ心也、地球上は非善非惡の世界なるにより、善にとければ善となり、惡に敏れハ惡となるなり、其ハ高天原、黄泉國、善惡兩界にはさまれてその兩界にひかれてある故也、時を古言にトとのみもいへり、萬葉集に、夜乃更ぬとにとあるたくひこれ也、とハ大凡をいひ、ときハそれに刻《キ》をもりつけて、こまやかにいふこゝろ也、時ハ日地の組合によりてたもつもの也、

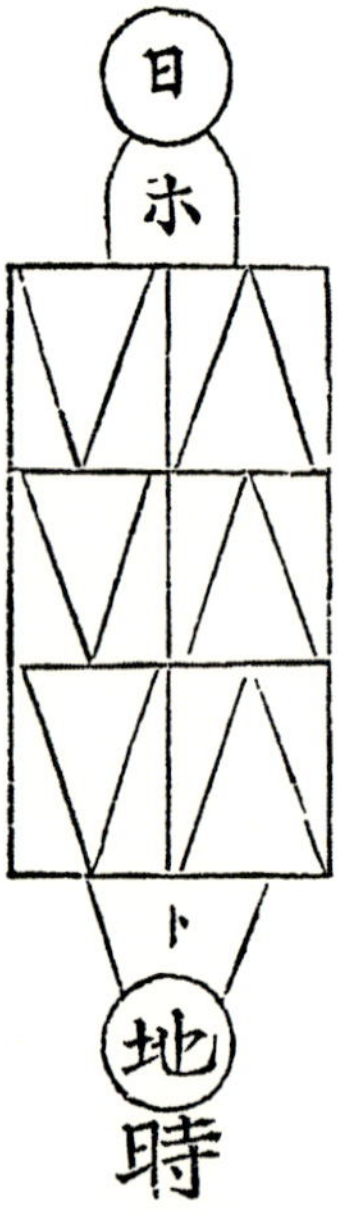

時ハ地上にありて、日輪の方にあるものならず

地は日をおひて、西より東へ右旋するものなり、その日光の左旋して地を射るとき、春夏秋冬をなし、朝夕晝夜をなすものなり、これをトといふ、

㋭海上のと渡る船はほをあげ、田《ダ》處《ド》に植ゑし稲ははをいだす、

帆

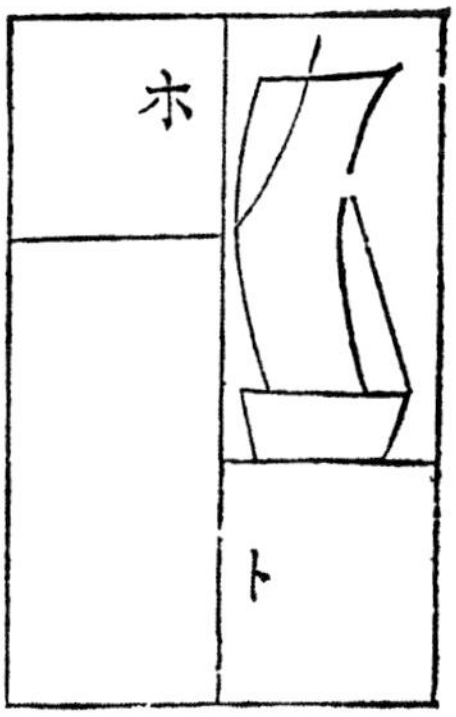

穗

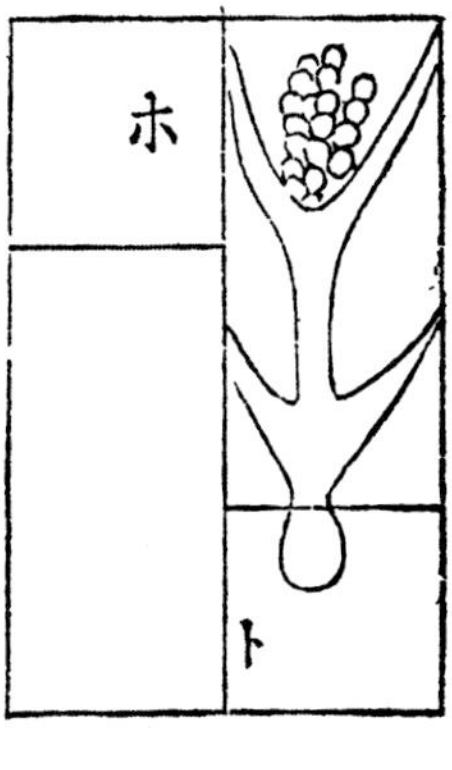

船は木を横にしたるものにて帆を竪に上るなり、稻は幹をたてにしたるものにて穗を横に垂る也この經緯にてこゝろをつけて見るべし、

秀《ホ》

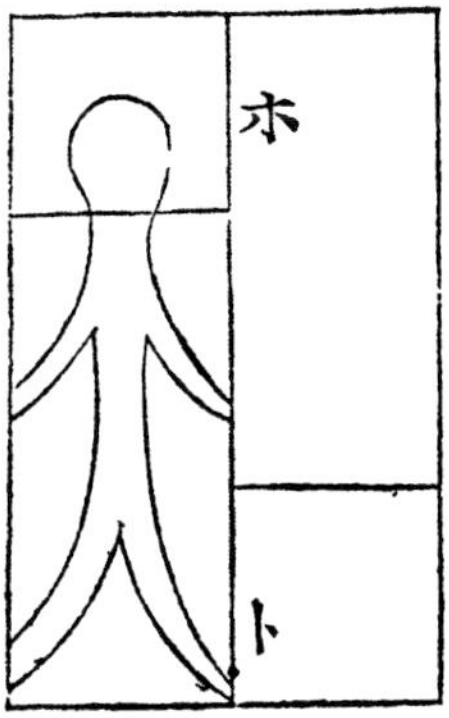

人の秀は顔にあらはれ、眼にあらはれ、顔色にいで、見ゆるを、いまもなほ秀にあらはるといふ、

取といふことばと欲*るといふことばと對し、斂しといふ詞と欲*しといふことばと對せり、「黄《ヨ》泉《ミ》にひかるゝ人は、取《ト》ることにこゝろすゝみ、是を欲る也、欲るもの多かれど金と女との二ッを欲り、これを取てよろこふなり、高天原にひかるゝ人も、又この二ッを欲りせざることなく、取てよろこばさるにはあらねど、道を先にして取ることを後にす、黄泉にひかるゝ人は、取ことを先にして道を後にす、たゞ此たがひめある也、なりはひによりて金を取り、なかだちによりて妻をめとる、これは取ことの正しきなり、ゆるされてとる故也、黄泉にひかゝ人は取ことを正しからずして、人のゆるさぬをも得んとするは、欲しとおもふ心に進みて禁しかたきなり、されは道に心ざし、道をしるものは欲しとおもふ心を禁し、取すぢをたゞしくし、道に斂からんことをおもふへし、しらまく欲しと思ふ心はよし、これもまた師傳を正しくしてしるべし、今の世の學者は、みだりにしり、みだりにはこり、みだりに其師をそしる、なげかはしきことになん、

師のよき説をとりてわが説とし、師の諸のあしきをとりいでゝそしら

んとするものおほかり、さらに〳〵日本の人とはおもはれず、小人國の人ましりゐて、みづから皇國學をえたりといひおもふ今の世の私學者こそはかなけれ、師傳を守る舊習の學者には、かへりてこの弊なくしてよろし、いま古學と名のる和學者ばかりわろき學風のものは世にあらじとおもふなり、折衷學と名のる者いとにくし、

欲《ホ》しからぬふりをして欲《ホ》りし、取らぬかほをして取《ト》るはいとにくきものなれど、いまの世にはさる人多かり、思ふにこれは儒佛の弊也、儒は清貧をたのしみ、佛は離欲をむねとす、これにより欲しがるを心ひくしとするなり、まことに欲しからぬかと見もてゆくに、内心には人にすぐれてほしがる心をかくし、口先にて欲しからぬさまにいひなすをはむる人はおろか也、

無欲なる人には油斷のならぬもの也、大かた内心にふかきたくみのあるもの也、

人はよろずに欲しとおもふ心あるにより、おのれを屈し人のためになるなりはひをつとむるなり、欲しと思ふ心なくては生業はつとめがたきものな

るべし、そのなりはひといふもの、皆あひたすけあひすくふ道にかなふ志わさにてあることなれは、おのれがおもふところは欲しとおもふ心ばかり、世にめでたきものはあらじとおもふなり、たゞその道をたかへて欲しがるをわろしとす。おもてをかさるこゝろをすて、實情によく考へみるべしはるは未來也、とるは現在なり、ほしは未來也、敏しは現在なり、未來をかねてほしとおもひ、ばりする也、また過去にほし(欲)とおもへることをとく(敏)え過去にはりせしことをいまとるなり、

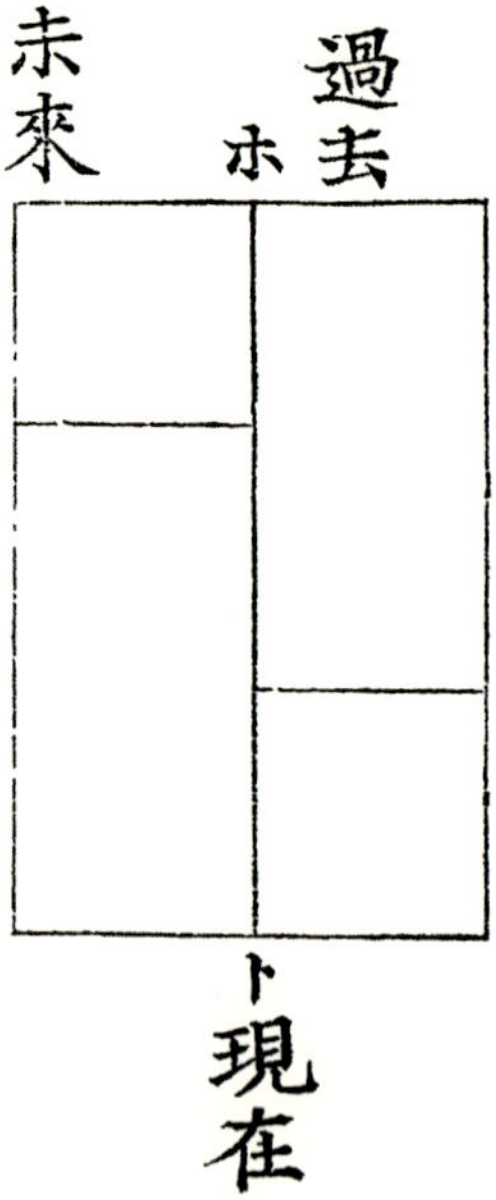

過去の善惡は今の吉凶となり、いまの善惡は未來の吉凶となる、今凶事にかゝりてありても、善心ならば未來の吉となるべし今吉事にありても惡心あ

らば未來の凶となる、とはの肝要この義にありとしるべし、カミ上と神とそ
の心おなじ、中より四方をたすをかみといふ、また四方より中をおすをかむ
といへり、

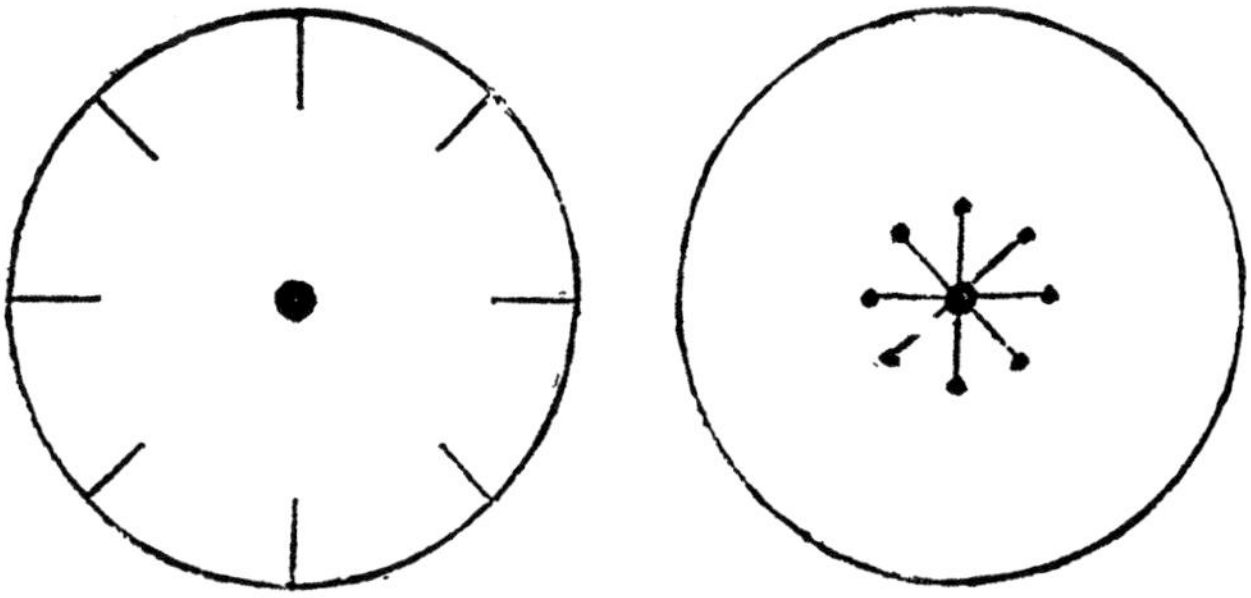

中より四方をおすかたち、是はかみかむるうむ
れとはたらく、
か——●みむ
神又上 ●● ●● る れ ●

四方より中をたすはかまんかみかむかめと活
きたり、か——まみむめ●

噛

齒にてかむは上下より中をたすなり、
鼻をかむは左右より中をおす也

神も上も高きに居てひきゝをれすものなり、

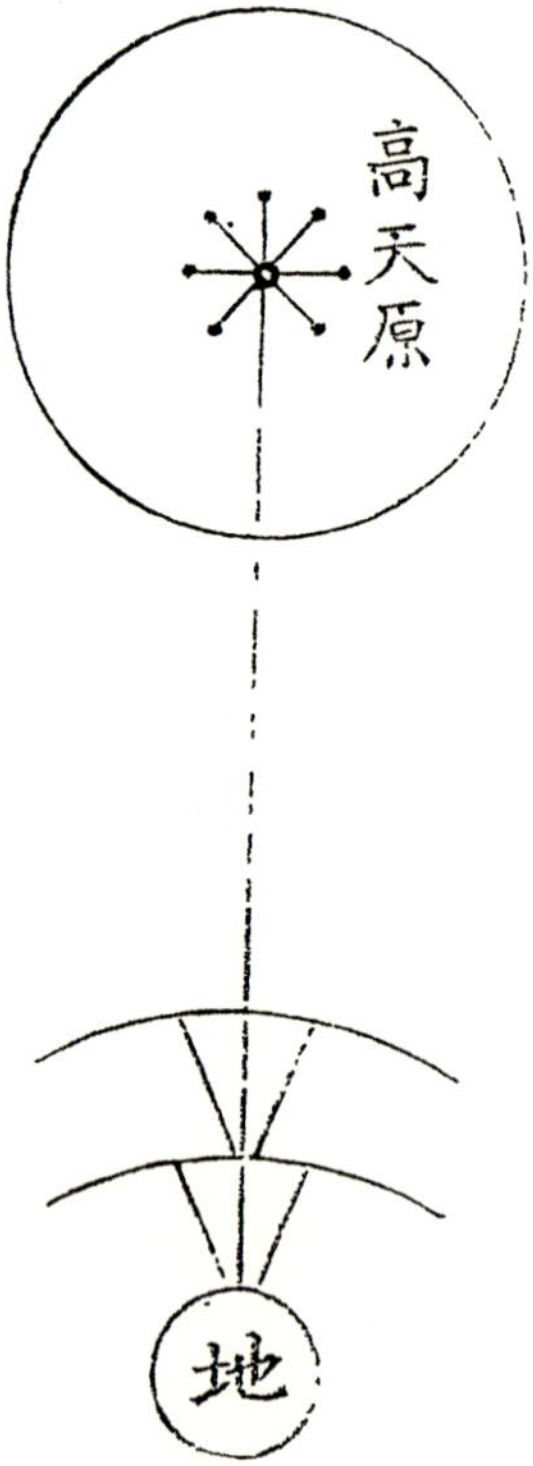

高天原より四方をれすその一方を地球もまたうくるなり、上もまたおかり、領地をたまふその域内四方へかゝる、その徳を一方一方にてみな上《カミ》といひてかしこむ也、

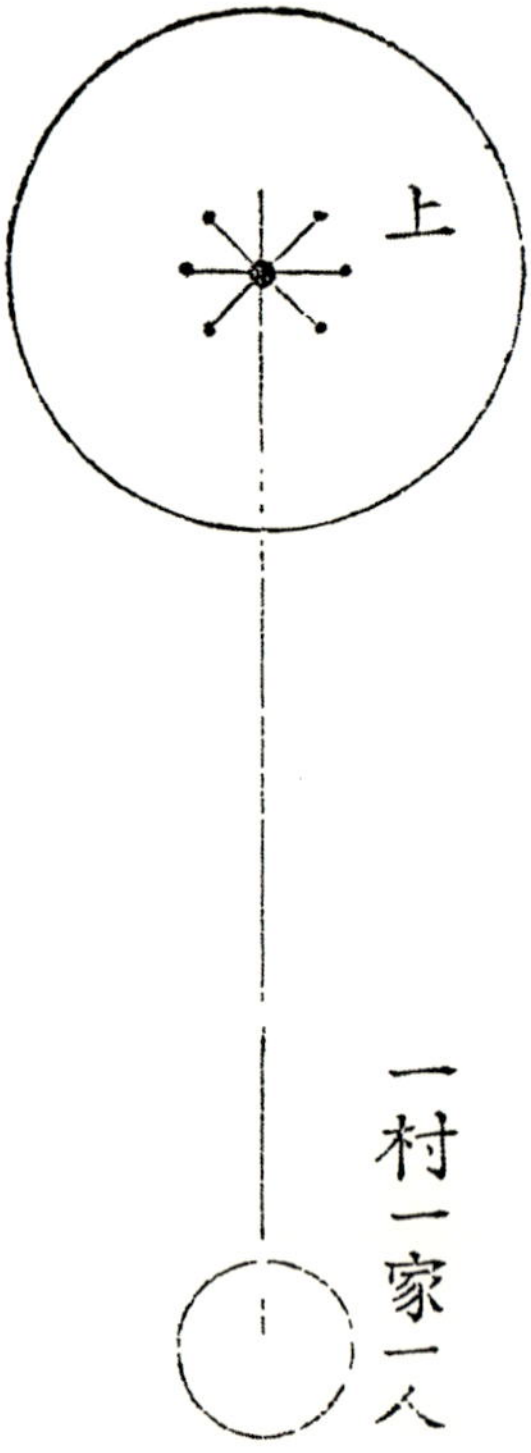

その命令仁恵をうくる也

上にゐる人はかくのごとく八方へその命令仁惠を發するものなれば、私なきをよしとす、依怙のさたあるべからず、四方八方同じくゆきわたるをよしとす、下にたつものはまたその中を中として、わが身を中とたてざるときは、君の德よく四方に達するなり、

下に對するときはわが身を中におくべし、上と下との中にれくへし、上に對するとき上を中として、われを下と見るをよしとす、此中のたてかたにさま〴〵わけのあることなり、

中といふことばのことは、くはしく古傳通解の天之御中主神の條下にいへればこゝにはいはず、

カミ

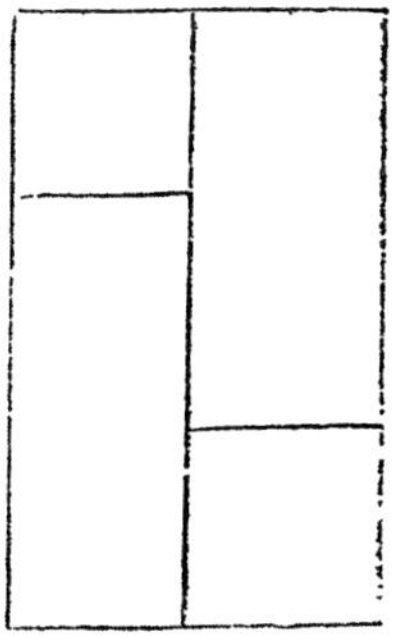

下にして我中にあり、又上にあり、上にありてもなほわれを上とせず、中にあるこゝちになりて下をわがおもふまゝにすへからず、道を上におきて、われは中にゐるべきなり、何事も道にしたがひて行ふべし、

【エミ】顯《カヒ》にしてゑみわるゝことにあたれども、人にしては笑にあたる、人と和合するを、ゑみといふ、是によりてゑむこゑはあいうえおはひふへほの二ッあへること也、これによりてゑむといふ詞も、又和合の意味なることをしるべし、

ア—ハ
イ—ヒ
ウ—フ
エ—ヘ
オ—ホ

ハ《ア》ハ《ア》ハ《ア》ハ《ア》ハ《ア》……………
ヒ《イ》ヒ《イ》ヒ《イ》ヒ《イ》ヒ《イ》……………
フ《ウ》フ《ウ》フ《ウ》フ《ウ》フ《ウ》……………
ヘ《エ》ヘ《エ》ヘ《エ》ヘ《エ》ヘ《エ》……………
ホ《オ》ホ《オ》ホ《オ》ホ《オ》ホ《オ》……………

ゑむこゑはかくの如きもの也、あいうえおにう[三]え[四](得)とはたらくことばあり、はひふへほにふ[三]へ[四](經)とはたらく詞ありてこの二ッ活語の基をなすものなり、

これらの妙理は別にいふへし、人をかみの位におき、へりくだりてわか身をゑみの位におけば、いつもやはらぎうちゑみて世をわたらるゝもの也、わが心をカミの位におき、人をヱミの位におきて見くださんとするにより和合せず歎息のみして世をわたる、歎息のこゑは和合せざるこゑなり

アーイーウーエーオー
ハ《ア》ーヒ《イ》ーフ《ゥ》ーヘ《ェ》ーホ《ォ》ー
下《ヒ》　上《ヒ》

みな和合せざるこゑ也、これを笑《エミ》のこゑに合せて孤立のならぬことはりをさどるべし、

上にゐて下を侮らざるときはゑみて世をわたるべし、その國水損風損干損等なからん、下に居てわが身をかしこむときはゑみて世をわたるべし、その國あしきことなかるべし、君父夫はかみなり、臣子婦はゑみなり、妻妾ゑみかいしてねたまざるべし、兄弟ゑみかはしてむつましくすべし、朋輩ゑみかは

してねたまず、そねまず、よく上に志たがひて上にかしこみ、上のみためをおもふべし、

タメ ためは爲也、君のため父のため夫のため兄のため人のため、すべてためのよろしからんことをはかるを中とす、此故にこの詞は中の一書をいふ也、おのれが爲のみをはかりて人の爲をおもはざるものは、上よりもこらしたまひ、下りよもゑみてことをなさざるによりとゝのはぬなり、人のためよのためすべてためのよからんことをおもふべき也、ためはためたむるとはたらく溜の字の心なり。又たみたむるとはたたらくことばあり矯の字のこゝろ也、曲るものはたみなほし足ぬものをは溜めてその用途をまつべきなり、志かすれば後のためよろしき也、

人のためを先にしわか爲を後にすればゑみて世をわたらるゝなり、わか爲を先にするものは小人なり人のためをさきにするものは君子なり、これをこの中書のむねとするなり、さて此五ッのことば、よろづの活きの中をとりすべてあり、是もまた奇しきこと也、

これは活語の妙をしれるものにあらざれば語りても無益の事なれどいさゝかいふへし、活語に本行、借行、枝詞の三ッの差別あり、本行と枝詞とは詞のかずすくなけれど、借行は千言萬語にわたりていとひろし、

（とし（はし
とき（はしき
これをしきししきの活といふ

か―●み二む三●●
●●るれ●
神
これを二三の活きといふ

か―ま一み二む三め四●
ラリルレ●
噛
是を一二三四の活きといふ

ゑ―ま一み二む三め四●
ラリルレ●
笑
これもまた一二三四の活きなり

た―まみむめ●
　　廻―ラリルレ●
た―●●むめ●
　　溜―●●るれ●
是を三四の活きといふ
た―●みむ●●
　　矯―●●るれ●
これを二三の活きといふ、
よろずの活きこの五ツを祖とするなり、

天都詔詞太詔詞考一之下

大國隆正著
福羽美静校

はらへのおこりを考ふるに、伊邪那岐命黄泉國へゆきたまひその國の穢にふれ給ひてその穢を身滌はらへ給はんとて橘の檍原にてみそぎはらへたまへるにおこりて進雄命に千座おきくらの祓をおほせ給へるになれり、これにより此わざを天つ宮事といへる也、天つ宮とハ日《ヒ》之《ノ》少《ワカ》宮《ミヤ》のことなり、日《ヒ》之《ノ》少《ワカ》宮《ミヤ》とハ日輪中にある神界の神宮の名也、これを少宮といふハ、本宮にむかへたる名也、本宮ありて後にいできたる宮をいふ、日之本宮もまた日輪の中にあり、本宮にハ天之御中主神高御産巣日神神産巣日神おはします、少宮にハ高木神天照大御神おはします也、高木神といふハ高御産巣日神の幸《サキ》魂《ミタマ》にして伊邪那岐命とあらはれたまひて神功《カムコト》をへて日之少宮に復り留まりたまへる神靈也、日本書紀に伊弉諾尊神功既畢云々、登レ天報レ命仍留《チトヽマリマス》二宅於日之少宮一矣少宮此云倭柯美野とあるこれなり、留宅《トヽマリマス》とは本宮の本靈にかへりあひ給はず、日之少宮にとゞまりて高木神となり、天照大神の後見しておはしますをいへるもの也、高木の木は伊邪那岐の岐なり、地上におりては伊邪那岐といひ、天に上りては高木といへるにて同神なることといちじるきものなり、

本宮《モトツミヤ》は天之岩戸のうちにありて、是を實《マコト》の日の中點とす

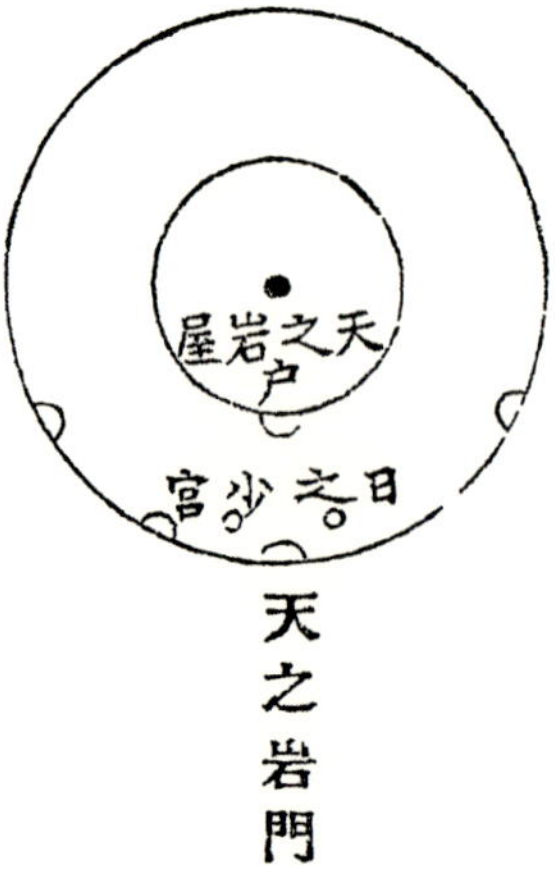

萬葉に石門をひらきとよめるは外邊の岩門にして天照大神のこもりたまへるは中點本宮の岩戸なり、

神產巣日神は獨神なりますと古事記にもしるされて配偶のなき神なれは男神とも女神ともさだめがたき神也、しかるにその幸魂《サキミタマ》をわかちて伊邪那

美命とあらはれたまへり、その荒魂《アラミタマ》はつひに黄泉國《ヨミノ》に入て黄泉《ヨモツ》大神となりたまひにぎ(和)御魂はこれも日の若宮にかへりのぼりて神產巣日御祖命と志づまりいますなり、

かく說《ク》ときは、地球の中點よりおこり給へる地の精靈といへるにたがふがごとく聞《キ》なし給ふ人あるべし、地はもと日輪のいまだ浮脂のごときものにてありしとき葦牙の如くもえあがりしものにて、その中點に神產巣日神のさきみたま國之常立神となりてわかれいで、又伊邪那美命とあらはれて、伊邪那岐命にあひて萬物を生なしたまへるものになん、

伊邪那岐伊邪那美命の前に面足神惶根神といふ神れはします、面足は日輪の八方正面なるをいふ、惶根は地球の半面日光をうけてあきらかなることをうるにより日輪の光をかしこむをいふ神名なり、これはこれ君臣父子夫婦兄弟師友等の道のもと也、

此時はいまだ日光もあまねからず、地球もならざりしときなれど此ノ理《コトワリ》

このときにおこりてつひに今の日輪地球となりたるものなり、伊邪那岐命は日輪を本として有餘のかたちをあらはし、伊邪那美命は地球を本として不足のかたちをあらはし給へり、有餘は天につきて高く、不足は地につきていやしく、何事も不足は有餘にしたかひてその命令《オホセ》を聞〃べきことわりなるを、伊邪那美命あやまちて先言したまへるによりよからぬ國を生ミたまへり、唐土より地つゞき《クニ》、かのアジヤエウラツハアフリカアメリカなどいふ國々これ也、天津詔詞太詔詞によりて改言《コトアラタメ》したまひて此日本を生給へり、これを始メにてよろつのものをうみ給ひ、いやはてに火神と水神とを生みたまへり、火神をうみ給へるにより、伊邪那美命は黄泉國へかへり入ッたまへる也、それを伊邪那岐命おひて黄泉國までいたり給へり、黄泉國とはこの地底にありていと〱穢き惡き國也、國といへど此地球上のことき顯露世界にはあらず、幽冥の神界也、わか國の古事によりて考ふるに日輪中に高天原といふ神界あり、地底に黄泉國といふ神界あり、日輪中の幽界は清善世界なり、地疷の黄泉國は穢惡世界なり、地球上は顯露世界をむねとして幽冥世界もありてこれを補佐せり、その幽冥顯露ともに非善非惡の世界也、高天原にひかるゝときは善世界となり、黄泉國にひかるゝときは惡世界となる、人心これによりて定まらず、あるひは善となり、あるひは惡となる、これにより神靈はじめに身滌祓の道をおこしこの黄泉にひかるゝ穢惡をはらへすて高天原にひかるゝ淸善に世の中をうつし給はんとかねてよりかまへおき給へる神道なり、

これははらへのおこりをいはんとて神代のはじめをあら〳〵いへるなり、記傳等の說とことなることをあやしむ人あるべし、古傳通解に說くを見てしるべし、

はらへのむねは心をあらたむるにあり、心をそのまゝにさしおきて祓へしていなにのかひもなきこと也上代《カミツヨ》にはこのむねをよくしりてみな心よりあらためてはらへをしたるものなりしを、後世にいたり心をあらためずしてうはべの祓となりしによりついにそのわざすたれたるものなり、今より後このわざを再興せんとおもふものはまづ心をあらたむることより先にす

べき也、心をあらたむなどいふことハ漢心《カラゴヽロ》なりとしりうこつ人もあるべし、それはらへのむねをしらざるもの也、心よりあらたむべき證ハ、日本紀に伊弉諾尊曰始爲レ族《ウカラガ》悲及思《シノビケル》哀者是吾之怯矣《ツタナキナリ》とわがつたなきをしりてあらためたまふ御心なり、そのつゞきに、但親見《タヾシミツカラタリ》二泉國一此《レ》既《ニ》不祥《サガナシ》故《カレ》欲《リ》レ濯《ア》二除《ト》其《ノ》穢惡《ケガラハシキモノヲ》一云々拂濯《ハラヘミソギタマヒキ》也とあるを見るべし、これ先非をくいたまへる心なり古事記に詔吾《ア》者《ハ》到《イタリニ》於伊《イ》那《ナ》志《シ》許《コ》米《メ》志《シ》許《コ》米《メ》岐穢國《キユタナキクニ》而《テ》在祁理《アリケリ》云々禊祓《ミソギハラヘ玉ヒキ》也とあるも在けりといふことはに、先非をくい給へる御心見えたり、もとこの黃泉國へいたり給へるハ伊邪那岐命のことの外なる御あやまちにてありしなり、女人《ヲミナノ》先言《サキゴト》と黃《ヨ》泉《ミ》の行《イデマシ》とハ一對の御あやまちにて天地間に穢惡のおこれるもとゐ也けり、伊邪那美命ははじめより先言したまはずば惡き國は生れざりけん、伊邪那岐命ははじめより黃泉國へくだり給はずば此世の中に罪穢といふものハれこらざらまし、さるを二靈に此あやまちありしにより世にまがことはおこれるなり、しかはあれどはじめに惡き國のうまれたれはこそ天津詔詞太詔詞をも得たまひて大八島國はみいで給ひけれ、先言のあやまちありしにより改言の功《イサヲ》のいみしきこともしらるゝことなればこれもまたなくてはかなはぬ天地の重きことわりなりけり、黄泉國へのいでましもこれにひとしく穢にふれ給へることありしにより禊祓《ミソキハラヘ》といふこともおこり、その禊祓の功によりて天照大神も出世したまへれは沖揚頓挫のことわりにて是も又天地の大機關《オホカラクリ》神議《カムハカリ》の廣大なるところにして人慮の及ぶところにあらず、

人は人慮の及ぶところまでをはかりて其さきはさしおくより外せんかたなきものなり、しかはあれど此ところまではわか思慮すでにおよべり、

天地を造り給へる神にすら御あやまちありしもの也、今の人いかであやまちなからん、うちにみつからかへりみてあやまちをしり、それをあらためてはらへみそぎをなすべき也、そのあらたむる心をトホカミエミタメの五ツの神言につけて身よりはかへ口よりいだしその息にてその祓物をなでゝ川に流《ナガシ》しやるときは祓戸の四柱の神これをはらへすて給ふによりその罪はまづ世の中になくなるなり、あらためずして神をいつはりはかる心あり

てハ祓をせぬにおとりてあるべし、されハ祓のむねハ先非をくいあらたむるにあることをしりて悔あらたむべし、

おのれか破門したる門人に某といふものあり、おのれかれかあしきことをせめていさめたるときにおのれハ是まで後悔といふことをしたる事なし男はあしきこともするものなりといひて聞入ざりき、おのれ多くの門人をとりあつかひたれとかはかり心てはきものハおはえざりき

世の中の人のあしきわざをあしきわざとしりつゝするを見るに大かたわるいぢとをぢなき《男道也》との二ツなり、わるいぢとハおもひよりたることをよくもあしくもとはさんとする心也、をぢなきハあしきものにひきてまれたちかへりがたきつたなきをいふ也、女人先言ハわるいぢのはじめなり、黄泉のいでましはをぢなき心のはじめ也、

神代の事には反對あり、伊邪那岐命黄泉國にて約にそむきたまへることあり、女人先言もまた必す變約のことありしならん、これを對にとり

て見るべきなり、さて女人先言の變約は汝は右より吾は左よりとちぎ《契約》りをへてとのみありて阿那邇夜志の神言を約りたまへることはあらねどこれはひとつをいひ一つをはぶきてきかせたる古傳古文の妙にて阿那邇夜志の神言をば伊邪那岐命まづいはん右よりめぐれと云ひをしへてそのわざしたまへるに伊邪那美命わがいおをたてゝ其ことばにしたがはずしておのれ左よりめぐりて阿那邇夜志の神言をもさきにいひいだし給へるものなり、しかとく故は日本紀に先言のときは伊邪那美命左よりめぐりあひ改言のときは右よりめぐり給へる傳説あり、これを古事記にあはせて先言のときは約りたまひし詞にそむきて左より廻り神言も先に詔り給ひしことをしるべし、これは面足惶根の理にそむき男の言葉をもちゐずおのがまゝにせられしにて伊邪那岐命改めなほしてみとのまぐはひせんといはれしをも聞いれずして蛭子をうみ給へるもの也、こゝにいたりていさゝか先言の悪きことに心つきたまへるにより女男天に上りてこのことわざをたゞしトホカミヱミタメの神言をえ布斗麻邇のまちかたを見てはじめて承服したまひ左旋右旋をあらため男子先言の大理にしたがひそれより大八島國を生給ひその外有用の萬物をうみいだしたまへるもの也、かくのごとくその文をくはしく見て女人先言ハわるいぢのはじめなることをしるべし、これハおのれふかく考ふることありていへる也なはざりになおもひたまひそ、

人倫のはじめ伊邪那岐伊邪那美命より外に人といふものなかりければこのとき伊邪那美命の御心ハいまだ渾沌にて上下の分をしろしめさゞりしものなり、太《フト》卜《マニ》區《マチ》象《カタ》とトホカミヱミタメの神言を得てはじめて男は尊とく女はいやしく女は男にしたがふべきことをしろしめしたるもの也、是により先言のあやまちありしものなり、さて後に伊邪那美命の黄泉にかへり給へるとき伊邪那岐命の追いてましけるはおもひきりのあしくおはしける也、黄泉國はあしき處としりつゝ伊邪那美命に御心ひかれてゆきたまへるにより穢れたまへり、御心さへ穢れ給ひたちまち約りたまへることにそむ

き給へり、これにより伊邪那美命いたくいかり給へりき、いかられて心つきその國をさり給ひて此國に歸りたまひ思ひ切のあしく惡しきことゝしりつゝ心ひかれたまひし御心のをぢなかりしことをくやみたまひその心をあらためてはらへみそぎしたまへるにより三貴子をいえたまへるものなり、

をぢなしは男道《ヲヂ》なしといふこと也、さらは女は男道なくてもよきものかといふにしからず、女も心底には男道をもちてあるべきもの也、たとへはいたすらものゝ口かしこきがありていひよりたるとき夫ある女の男道あるはそれにしたかはず男道なきははかられてその惡きかたにひきてまるゝものなれは女なりとて男道なきがよしとはいはれぬことなり、

すべてあしきことゝしりつゝあらためぬはをぢなき也、あしきことゝしりつゝとけんとするはわるいぢ也、このふたつをよくこゝろえて是をあらたむへし、みづから歸《カヘ》りみていまゝでかく〳〵おもへるはわるいぢなりきと

れもひたりてあらたむる心をおこし、あしきこと〻たりつ〻あらためぬれをぢなきなりけりと思ひてあらたむる心をおこし、此トホカミヱミタメの神言をとなへてはやくあらたむべきこと也「これハ祓禊の根源によりて今のこ〻ろえをいふ也、これを神道の大要とす、

又こ〻に勝さびとこやみといふことあり、勝さびハはこりおごる心也、とこやみハたすけすくふ心なきなり、わるいぢハ勝さびの對にてわるいぢハ不足のかたにあるあやまちなり、勝さびは有餘のかたにあるあやまちにて貴にはこり富にはこり智にはこり權にはこり美にはこるたぐひなり、とこやみはをぢなきの對也、をぢなきは彼にひかれて此をうしなひ、とこやみは此をまもりてかれを助けず、進雄命のかちさびは直にはこりたまへる也、けにはこる心のうちにも直にはこるばかりあしきはあらし、もとよきことよりおこりてそれにはごることなれは制しかたきところなり、天照大神の岩戸でもりはたすけすくふ心をうしなひ給へる也、今の世にても天下《アンノシヌ》飢つかれたるとき貴き人とめる人米藏の戸をたて〻こもりおたらんには世は常闇

となりぬべし、是により進雄命にはらへをおふせ天照大神をひき出し奉りて今の世のごとく日はとこしなへに照し給ひ水はこしへになかれて罪穢をあらひながしさすらひ失ひてある也、

罪けがれをあらひながしさすらひ失なふことは巻の四にいふを見てあるべし、

されバ此伊邪那岐伊邪那美天照大神進雄命の古事により心のうちのわるいおをぢなきあなづり身勝手この四ッをかへり見わか心えわがれこなひに此四ッに似たることやあるともとめてあらバ改ためんと心にちかひはらへのわざをすべき也、是を祓の大主意とす、

みそぎハ身にふれし穢《ケガレ》をのぞくわざなり、はらへハ心につける穢をのぞくわざ也、はらひといふハわろし、はらへといふべし、

拂

はら——は一ひ二ふ三へ四●

——ラリルレ●

はら——●●ふ三へ四●

祓　●●るれ●

はらひハ一二三四の活き也、はらへハ三下四のはたらき也、はらひのかたハうはへの塵埃をはらふ心にてかろし、はらへハ心のそこのけがれをおしいたし追はらふ心にておもし、

拾遺集　みなづきのなごしのはらへする人ハちとせの命のふといふなり

後釋後々釋等に詞のすちをこれかれとくはしくいひてあるにはらひはらへの差別を解かれざりしハ遺憾なり、

さて此祓詞《ハラヘノコトバ》といふものは神のつくり給へるものにてさらに人のかけてもおもひよるまじき妙《タヘ》なる節《フシ》のあるもの也、祝詞考に此祝詞の出來し時代をわげつらはれしハよしなきこと也、人丸の作といふ説もあれどこれもよしなし、神世《カミヨ》より傳はれる神事《カムゴト》とかしこみてたふとみよむべき文になん、天孫降臨のそのときよりありしものとおもふべし、たゞし時代によりていさゝかかはれることもありしなるへし、かの大和日高見の國のたぐひこれなり、

これを大祓にのみよむものと心えてある人はかたくなし、古へはわたくしの祓にも此祝詞をはいひしものなるべし、大中臣天津詔詞太詔詞事を宣禮などある文こそ大祓のことゝは見ゆれその餘はわたくしのはらへにもいひてよろしき祝詞なるべし、

古へは私のはらへにもこれをのりしものならん、

此祝詞を中臣《ナカトミ》祓といふことは齋部廣成宿禰か古語拾遺にねざしたることなり、廣成宿禰は齋部の氏人のれとろへしことをなげき中臣のうぢのさかりになれることをうれひそのかみのことくあひならひて神事にもつかへ奉らまほしき心をのべて此書をかきあらはしたるにより祭祀は齋部の職掌祝詞をよむは中臣の職掌なることをいひわかちしらしめんとて中臣祓《ナカトミガハラヘ》の祝詞《ノリト》とうけるものなるを何の心なく後の人は中臣祓《ナカトミハラヘ》といふことゝ心得てしかいひならひしもの也、これをなかとみはらひといひあやまりてはらへならぬときも神の廣前にてこれをよむこと近き世のあやまりにあらす、今昔物語に推古天皇の御世のことをいへるところに麻苧の注連を本の本

にひきまはして木の下に米散し幣奉りて中臣よましめて杣立の者どもを
めして繩墨をかけて分レ伐に一人死ぬるものなしといふことと見えたり、後々釋
にもひきてあり、本文によりていへれ推古天皇のときはやく中臣祓といへり
ともいふべけれどこれれのちにかきたるものなればまづ今昔物語のいで
きしときと見てあるべし、それにても今より六百年余のむかしなればちか
きことにあらず、ことのさまをおもふに今すこし古くよりこれを中臣祓と
いひて禊はらへの庭ならてもよみし事とみゆる也、後釋にひかれし光明峰
寺殿の日記《玉葉》に國通讀二申中臣祓一、又後々釋にひける西宮記に中臣禊有二親聽穢一
雖レ不レ爲レ穢宜レ避二其詞一とあれはちとせに近きむかしより中臣祓とのみもいひ
しことと見ゆ、それ廣前にむかひて心を清めかのわるいぢまどひあなづり
身勝手等の私ありやなしやとかへりみてさるたぐひのことあらばそれを
やめんとことだてして此詔詞《ノリト》をよみトホカミヱミタメといひて息を物に
ふきかけてそれを神前におきてかへるへし神部これをとりて受用すへし、
それに穢はどゞまらぬことゝおはゆ、神部の人は人のさゝげしものをぬさ

にてはらひトホカミエミタメといひつゝよくはらひてそのぬさを川にながすべしこれはわたくしのはらへのこゝろ也、

貞觀式に祓畢行㆓大麻㆒といふことあり、古今顯注に大麻は祓するに陰陽師の串にさしたるしでなり祓はてぬれば是をおの〳〵ひきよせつゝ撫するものなればとあり、これを一の上卷にひきたる權記北山抄等に考へ合するにまつ祓物をいだしたるとき官人みなおのかはらへつものにトホカミエミタメのいきをふきかけてやるを大中臣うけとりて祓詞《ハラヘコトバ》をよみをはりてのちトホカミエミタメをとなへなから天つすがそにてうちはらひその大麻《オホヌサ》をまた人々のまへにもちくればまたそれをもてトホカミエミタメをとなへいゝ身を撫てかへし流《ナガ》すことゝ見えたり、

祓のものに見えたるは古語拾遺神武天皇段に令㆔天種子命（天兒屋命之孫）解除《ハラヘ》天罪國罪事㆘とあるを古しとす、種子命は中臣の先祖也、しか見れはこれを中臣祓といふもゆゑなきにあらず、廣成宿禰か古語拾遺をまたずして今昔物語に

いへる如く推古天皇のころはやくこれを中臣祓といひけんもまたさるべからす、中臣といふことの心ハ神と君との中とりもちまた君と人との中とりもちたまふ臣なるにより中執臣といへる也、これは天兒屋命より世々の職掌にてありし也、後に姓あらたまりてこともあらたまりて今は君と人との中とり給ふかたにてハ藤原とまをし君と神との中とり給ふかたにてハ大中臣またト部とまをす也、此三姓もとは中臣にて藤原はその居所の名にとり、ト部ハ中臣よりわかれし職掌につきてまをす也、さてその君と神との中とり給ふことは重きつかさなりけれど後にハそのかた輕くなり、君と人との中とり給ふにつきてハ、人みなそのいきはひにつきかしこみおそるゝによりおのつからそのかたおもくなりたるもの也、つひに中臣をハつねの神部の人のごとくおもふことゝなりたり、そのはじめをおもへバ中臣ハおもきつかさにてありしものになむ、

中臣の名義のことは後釋等にくわしくとかれたり、いまハたゝそのこゝろえをいふ也、

古事記仲哀天皇後段に云天皇既崩訖、爾驚懼而坐《マサセ》殯宮更取國之大奴佐而種々求生剝逆剝阿離溝埋屎戸上通婚下通婚馬婚牛婚鷄婚犬婚之罪類爲國之大祓而云々とあり、是はこれ高つ神の殃によりてかむあがり給へるにより國の大祓をなしたまへり、國の大麻國の大祓といふは高つ神のわざはひをはらはんために國中の人のあやまちれかしたる罪とがをあなぐりもとめてはらへ給へるもの也、是により國の大祓といへる也、

この時を國つ罪のはじめといふべし、天つ罪は進雄命にたてこり國つ罪は仲哀天皇よりおこれりけり、

履中天皇紀五年冬十月甲寅朔甲子葬皇妃既而天皇悔之不治神祟而亡皇妃更求《メ玉フ》其咎とあり、是は高つ神の災なり、更求其咎さらには高つ神の災のそのもとをもとめ給ふといふ心なり、或者曰車持君行於筑紫國而悉校車持部兼取充《ツル》神者必是罪矣《ナラムト》ある人この罪のあらはれしによりこれを鞫問したまへる也、天皇則喚車持君以推問之《タマフニ》事既實焉、因以數《セメテ》之罪曰爾《イマシ》雖車持君縱檢校天子之百姓罪一也、既分《クヘリアテタル》寄于神祇車持部兼奪取之罪二也則負惡《セナアシ》解除《ハラヒ》善《ヨシ》解除《ハラヒ》而

出《テ》㆓於長渚崎㆒《ニ》令㆓祓禊㆒既而詔㆑之曰自今以後不㆑得㆑掌㆓筑紫之車持部㆒乃《チ》悉収以更分㆑之奉㆓於三神㆒《ニ》とあり、これに顕罪幽罰あり、その車持君をはなして庶人にしたまへるは顕罪なり、善悪解除をおほせ給へるは幽罰なり、善悪解除は幽罰のおもきものなり、これにより顕罰はかろく庶人になしたまひたるまでにて流死にいたらざりし也、しかれども車持部を奪ひておのが所得にし富てこそくらしけめそれを闕所といふばかりにはらへつものをおほせて物を出さしめて貧にいたり君をとりあけられて賤になれるはこゝなき耻ならずや、これすなはち顕罰幽罰にてありし也、

贖罰闕処等は善悪解除のなごりなり、

雄略天皇紀十三年春三月狭穂彦《ノ》玄孫歯田根命竊《カコタハク》奸㆓采女山《ノ》邊《ノ》小島《ノ》子㆒天皇聞以㆓歯田根命㆒収㆓付於物部目《ノ》大連㆒而使㆓嘖譲㆒歯田根命以㆓馬八匹太刀八口㆒祓㆓除罪過㆒大祓に采女の犯せる罪といふことはあらねど、采女を犯せるにもかくはらへつものをいださしめてはらへせしめられしことをおもへはそのかみは宮中のみだりならざりしことをしるへし、源氏物語いできし花山天皇一

條天皇のころのことを考ふるに宮女をおかさゞる殿上公卿はあらざりしさま也、これは光明皇后玄昉を寵し孝謙天皇道鏡を愛し給へるおこりなり、かの押勝道鏡らが寵せられしころは宮中さこそみたり也けめ、武家の世になりては古へにかへり内外のおごそかになれるはうれしきことなり、かくてこそ萬國の本國なる日本の制度にはうちあひてあれ、さるを内外みだりなりし中古の衰弊を日本の古風としてもの〻あはれをしるなどなまぬるきことをいひてはこりをる和學者こそはかなけれ、

おのれか門人にもさるものありて戀の歌をうたの本としてもの〻あはれをしるといひて兎角人の妻娘に心をかけみだりことするをのこありしを今は破門したり、

孝德天皇紀云二年春三月甲申詔曰朕聞西土之君云々、これは筑紫あたりの國造、君、別、直、稲、置、縣、主等のことをのり給へる也其續きに復有亡夫婦若經十年及二十年適《トツギ》人爲婦幷未嫁之女始適人時於是妬斯夫婦使祓除多云々とあるをれもふに古へは夫死にてのち再嫁することを世にゆるさゞりしこと

ゝ見ゆ、信野國にてハ殉死せしめしよし令義解に見えたり、西のかたにてハ十年二十年すきて嫁することありけん、その時解除して嫁したることゝおはゆ、これハいにしへの良法なるべし、いまにてハ十年二十年ハまたれねと三年はまちて解除して再嫁すべきこと也、この天皇神道を輕しめたまへるにより除斷勿使爲とのたまへるもの也、此わたりの紀文を考ふるにはらへにつきてまたあしきこともいできたるによりとゞめ給へる也、それ祓にかこつけてしひて人にものをいださせしによることとなり、ことさかりなるときは必らずその弊れこるものにて弊のおこるハやかてあらたまるべき時運なり、このころもろこし朝鮮のことを此國の人とも聞しりて人の心すゝろに動きわか古き樣をうしなへるときにてありけれハ解除の古法に託してしひてよわきものに物をいださしめておのれ〳〵か所得にせしことのおこりしに合せてこの天皇わが古道をかろしめ唐土風に世をあらためんとおはしけるにより祓除のことをもとゞめたまへる也、

前にひける文のごときもよく〳〵考ふるに前夫しにて十年二十年た

ちて後夫をもつとき解除をするはわが古法にて未嫁之女のよめ入に解除をせしめしはものをむさぼるそのころの弊風にてありけんかし、またおもふにこれまでのあやまちをあらためて嫁する心にて處女の嫁するにも解除はもとよりありけんかし、ゑひて解除せしめてものをいださしめしやその比の弊風なりけん、今も新嫁などに非人盲人等に米錢をひくこと處々の定まりあり、これら解除の遺風なるべし、この天皇の頃にいたりては人々解除の本意を失ひてありけんかし、いはまくもかしこけれど天皇にもその本意を失ひ給ひて古へよりの良法をもその頃の弊風にあはせて朝廷より是をとゞめ給ひけんかし、

天武天皇紀に五年八月詔曰四方爲《ナセ》大解除、同朱鳥元年七月三日詔諸國大解除スなどあるを見ればこれはかの仲哀天皇紀に見えたる國の大祓へのことにてそのころまでつねにありしこととみゆ、これは六月の外臨時の大祓にてありしなり、

孝德天皇はわたくしのはらへは禁し給へれど國の大祓はとゞめたまは

ざりし也、

延喜式によるに大嘗祭の時その八月上旬に左右京五畿七道に使者をつかはして大祓せしめたまひ内親王を伊勢齋宮に定めて伊勢へつかはし給ふときも大祓せしめたまへるよし見えたり、さもありぬべきことなり、

これらはそのはじめよりさだまりてありしことにて國史にはのせられぬことなるべし、

大祓にまぎらはしきことあり、それ大上中下をわけて大祓上祓中祓下祓といふこれ也、類聚三代格延暦二十年五月十四日太政官符定准犯科祓事、一、大祓料物二十八種云々、右闕怠大嘗祭事及同齋月内弔喪問疾判署刑殺文書決罰罪人食宍預穢惡之事者宜科大祓云々、一、上祓料物二十六種云々、右闕怠新嘗祭鎭魂祭神嘗祭月次祭神衣祭等事毆伊勢大神宮禰宜内人及穢御膳物並新嘗等諸祭齋日犯弔喪問疾等六色禁忌者宜科上祓輸物如在、一中祓料物二十二種云々右闕怠大忌祭風神祭鎭花祭三枝祭鎭火祭相嘗祭道饗祭平野祭園韓神春日等祭事歐物忌戸座御火炬奸物忌女及觸穢惡事預御膳所並忌

火等祭齋日毆祝禰宜及預祭事神戸人犯弔喪問病等六色禁忌者宜科中祓一下祓料物二十二種云々右闕怠諸祭祀事及毆祝禰宜並預祭神戸人犯諸禁忌者宜科下祓云々日本紀略寛弘七年九月廿五日大原神社邊有葬送事仍預等負大祓了とあるもこれ也、おなし文字なれはおもひまかふることなかれ、

祓物は川へなかしたるものにあらず大祓に馬一疋、太刀二口、弓二張などあるをもてしるべし、川へなかすは大ぬさばかりなり、

古事記傳三十一云上代には禊祓は貴も賤も、少も心にかゝる罪穢又禍事また祈願ふことなどあるときはもとよりにて、またなにとなき時にもせしにそ有けん、さてその輕き禊は郷里近き海川にてし、重きはやゝ遠き國の海邊にゆきても物せしなるへし、

萬葉四、君により言のしけきをふるさとの飛鳥の川にみそぎしにゆく、同六、さは川に云々解除てましを往水に禊てましを、十一玉久世の清き

川原にみそぎしていはふいのちは妹かためこそ

さてまた一處にも限らす數所を重ねても爲しなるべし。

齋王の伊勢に赴き給ふ路間にて六處の堺川の御禊あり、又京にかへります時は難波に下座て三處の禊あり、これら上代の式の遺れりしなり、又後世に大七瀬、小七瀬、靈所七瀬といひて禊するに定まれる處あり大七瀬は難波、田蓑しま、河後《シリ》、大鳥、橘、小島、佐久那谷、辛崎なり、小七瀬は鴨川にて川合、一條、土御門、近衛、中御門、大炊御門、二條等の末なり、靈所七瀬は、耳敏川、河合、東瀧、松崎、石影、西瀧、大井川也河海抄に見えたりこれらも上代に數所を重ねてものせし爲《ワザ》ののこれるによりて定めたるものなり、源氏水尾盡巻に、源氏君難波にて七瀬の祓のことと見ゆ。又源氏君の難波にて祓のことと明石巻の末にも見えたり、以上本居先生説

ぬさのことと本居先生は祈《ネギ》布《フ》佐《サ》のつゝまれるなりといはれたれとうべなひがたし、塗《ヌリ》總《フサ》祓《ヌキ》總《フサ》の中略也、中を略して二言を合するは古言の例なりねきふをぬといふやうなる納めかたは古言に例なきことなり、總は今も糸のふさ又ふさやかふつさりなどいふことばありて菅《スゲ》にまれ麻《アサ》にまれふさやかなるをいふなり、そのつみとがを塗つくる意にてはぬりふさといひ、拔きとるこ

ゝろにてはぬきふさといふ、又祓への時ならても神に奉るものをぬさといへはあたらすといふものあるべし、かの仲哀天皇のところに祓をさして國の大ぬさといひてあるを見れはぬさいはらへのもの也、手向の神にぬさを奉るも祓のこゝろ也、これはかの伊邪那岐命の身につけ給へるものをぬぎすて給へることよりおこれり、道の神はみなその時あらはれたまへる神なり、是によりていへは脱總《ヌギフサ》のことに見るもよろしからん、伊邪那岐命のぬきたまへるものによそへてつくる總なれは也、皆是改心改言のこゝろをそへて奉るものなれは不淨なる志なもの也、

いにしへは菅《スガ》にてありしを、麻にかへ楮《カヂ》にかへ、今は紙を切てこれをつくる也、

はらへは集會せる人の改心のおもひをトホカミヱミタメの神言にうつし、又このぬさにうつして海上へうつしやるわさ也、

けかれをうつしやるにはあらず、けかれは改心のうちにこもりてある也

さま〴〵祓の式ありげなれど貞觀儀式等に行大祓とあるが古式なり、

延喜式八卷六月晦大祓十二月准之

これは大內裏の頃は朱雀門にて行ひ給ひしこと也、

集侍《まゐうこなはれる》親王《みこたち》諸王《おほきみたち》諸臣《おみたち》百官人《もゝのつかさのひと》等《たち》諸《もろ〳〵》聞食《きこしめせ》止《と》宣《のる》

儀式に大祓處爾參集(讀曰末爲宇古那波禮留)とあるによりてまゐうでなはれるとよむべし儀式には侍の字なく、此文には參の字なけれども合せて參集侍の意にていづれもまゐうでなはれるとよむべき也、これは天武天皇の御世よりのちにつきたることばなり、それまでは次の文のみにてこの文はなかりしもの也、この文つきて後は次の文をはぶくべかりしを略かざりしは祝詞の本文と共に遺れるもの也、

親王 みことといふもの朝廷に二つあり、親王《ミコ》と巫女《ミコ》と是なり、巫女をはわけてミカムノコともいへど、又みことばかりもいひし也、親王をミコといふは天皇の御子といふこと、巫女をミコといふは大宮ノ賣ノ神の御子といふこと也、

これはその神のみことなることなれはミカムノコともいふなり、天皇を高光日御子といへるも日の神の御子といふことなり、今は字音にてシムワウといふ、これに入道親王、法親王、内親王の差別あり、いまは親王家といふものいできて天皇の御子になり給ふことありされどいにしへは法王といひて諸王の親王になり給ふことはなかりし也、諸王より皇大子《ヒツギノミコ》になり給ふことはありしなり、親王も此大祓にはまゐうでなはりたまひしもの也、うでなはるは集の字にあたる古言也、動索《ウゴナヒ》のこゝろにて動くものを索《ナハナ》ひてとゝむる如く索《ナヒ》たることとく一ツによりてあるをいふ也、

諸王 をおほきみといふことは大君のみすぢといふことと也、大君はもとやすみおゝわか大君といひて天皇をさす詞也、姓をたまはれは臣下となることにて姓氏をたまはらぬうちは諸王にて大君のすぢなり故《カレ》これをおほきみといへる也、諸臣をおみたちとよむ、臣《オミ》は親王諸王にても姓氏を給はれは大身《オミ》となる也、おみは大君《オホキミ》をはなれて又いやしからぬ人をのたまふことはなり、今にてもダイジンといふことばあり、大身《オホミ》の意なるべし、大身代《オホシンダイ》などい

ふもその餘意なるべし、されバおみといふハ公卿殿上人をさすことばにて官人は大身《オホミ》のうちならず、是により諸臣《オミタチ》おきて別に百官人《モヽノツカサノヒト》とあげてあるなり、これを見ておみといふことばのおもきことをしるへし

さるを今の人ハオミといふ詞をかろく心えて大名衆の家來などみづからおみと名のるハしらず〳〵僭上の罪のかれがたきもの也、これハ臣の字をオミとよみてあるにつきておみとハ唐土にて臣の字の義とおもひあやまりてつかふなるへし、唐土《モロコシ》にてハ君臣といひて今いふ陪臣陪々臣にもいふめれど日本のおみといふことばハ朝臣に限りて外へハつかはぬ詞也、君臣の和語ハキミヤツコなり、ヤツコといふ詞よく臣の字にあたれり今にてハ奴の字をヤツコとよむにつきいやしきことのやうにおもへど古へハ伴《トモ》の御臣《ミヤツコ》國《クニ》の御臣《ミヤツコ》といひて位高き人をもヤツコといへるもの也、近世は文字になづみてわか國の本語の意を失なへることおはかり、大名衆の家來などあやまりてみつからのことをおみなど書たることあらハ解除してあらためたまへ古へハかゝると

きはらへをしたるものなり、

百官人《モヽツカサヒト》とあるは二官八省につける人々をいふ也諸《モロ〳〵》は親王諸王大臣よりはじめて使部直丁等にいたるまでといふことなり、

官人とあるにより官ある人をいふかといふにしからず、二官八省をさして百官《モヽツカサ》といへる也、又百官の字になづむへからず、

聞食止宣 はその諸の人々等この詔詞をよむをよくきこしめせとの事なり、宣は大中臣がのるなりこれは大事のことなれは心をとゞめて見給ふべし、抑わが國のをしへは本教といひて本を尊む御教なり、神は人の本也これにより神祭を政事の本とす、此詔詞《ノリト》は天皇の大本をのべて人に聞かしめ給ふ詔詞也、この祝詞《ノリト》を聞ときは天皇の御本系しられ、天津詔詞太詔詞のすぐれて高き功徳のあることもしられ、祓のわざのひろく大きなることもしらるゝによりこれを人々にくまなくしらしめ給はんとてこのことを朝廷より大中臣にのらしめ給ふ也、今この大祓といふことたえて行なはれねど此詔詞《ノリト》の遺りてあるはうれしきことになん、ことにいまあまねく神職の人の

神前にむかひて物申すとき此詔詞《ノリト》をとなふるはまことにうれしきことなり、志かいふ故はこの詔詞大祓と共にすたれたらんにはこのことを志る人世にたえてなかんめるに神職の人つねにこれをいひたゞ人も聞ならひつたへてこれを神前にてよむによりはらへの功徳の大きなることも、天皇の御系統もみな人ごとに志りてあるはこの諸聞食止宣れる古意のおのづからのこれるものにていとめでたし、

祝詞考後釋等にこれは大祓のときよむものなるを神前にていくたびもよむは佛家の讀經にならへるものにてあしきよしいはれしより世の中の神職たちこれをこゝろよからぬことにおもひ本居流の學者は別にみづからよくもとゝのはぬ詔詞をつくりていふはわろきことなり、よし佛家の讀經にならへるにもせよ神神のゆるしたまふことありてかくのことくなれるものならん、ことにこれは身のけかれ心の罪とがをはらひ清むるときの祝詞なれはこれをとなへて身心を清淨にしてさて後に祈願《イノリネガ》ふことをいひてよろしきことはり也、おのれはかはか

りめでたきことはあらじとおもへどわろしと思ふはいかなるあやま
りぞや、くりかへし／＼よみ給へかしとぞおもふ

天《すめ》皇《ら》朝《み》廷《かど》爾《に》仕《つかへ》奉《まつ》留《る》比《ひ》禮《れ》挂《かくる》伴《ともの》男《を》手《た》挂《すき》襁《かくる》伴《ともの》
男《を》靭《ゆき》負《おふ》伴《ともの》男《を》劔《たち》佩《はく》伴《ともの》男《を》伴《ともの》男《を》能《の》八《や》十《そ》伴《と》男《もの》乎《を》
始《はじめ》氏《て》官《つかさ》々《／＼》爾《に》仕《つかへ》奉《まつ》留《る》人《ひと》等《たち》乃《の》過《あやまち》犯《おかし》家《け》牟《む》雜《くさ》々《／＼の》
罪《つみ》乎《を》今《こ》年《とし》六《のみ》月《つきの》晦《つごもりの》之大《おは》祓《はらへ》爾《に》祓《はらへ》給《たま》比《ひ》清《きよめ》給《たまふ》事《こと》
乎《を》諸《もろ／＼》聞《きこし》食《めせ》止《と》宣《のる》

これは天武天皇より以前のことはなるが天武天皇の御世のころ前の詞つ
きて後もなほのぞきあへずのこりて傳はれるはめでたきことなり、

天皇朝廷爾仕奉留

とあるはまゐうでなはれるとあるに同しこゝろはへ

り古言なり、みかとは御門也、かゝる大禮は御門にて行ひ給へること也、朱雀門なかりしむかしも大御門にておこなひ給し也、天皇が御門に仕奉るとあるは今日この大御門に集れるつかさ〳〵の人といふ心也、朝廷の文字になづむへからず

比禮挂伴男

これは内官より外官に及ふ文章なり、古へは女官もつとひしもの也比禮挂伴男はひれをかけてけふのつとひにつとへるものにて女官の人をいふ、男の字に泥むべからず、考るに古事記に皇孫命の天降坐時五伴緒矣支加而天降也とある五伴緒の中に二柱は女神也とあるがごとしさてその比禮といふものは襟にかけたるものにていま狂言の婦人の満難鬘といふものなどそのなごりなるべし、中古虫のたれぎぬといひ、今かつぎといふものなどもその餘風ならん、魚のひれのごとく兩《フタ》かたの端を手に取《リ》もちてうちふりありきしによりひれといふ名はありけんかし、今もひら〳〵ひらめくなど同し詞と聞えたり、ヲロチノヒレ、ハチノヒレなどいふは古へこの比禮に靈物ありてさるものをおそれしめしにもありけん、その咒《マシナヒ》するか

たが主《ムネ》にてハなかりし也、面《オモ》てをおはひて人にかくれし女の服なりとおはゆるなりえりにまきをりてうとき人にあへハひろけて頭より面《オモテ》をおはひしものにやありけん、

手襁挂伴男 これハ膳に仕ふる人たちの袖の食物にふれんことをはゞかりてつねにもたすきをかけてさもらひけん、かゝるわたりにつとふにもなはたすきをかけてやありけんこゝはつとへる人ゝを見わたしていへるさまに聞えたり、

大殿祭祝詞に皇御孫命朝乃御膳夕乃御膳供奉《ツカヘマツ》流《ル》比禮懸伴男襁懸伴男平云々とあり、

靫負伴男劔佩伴男 これはゆぎをおひて外門を守り劔《タチ》をはきて近きみかきを守る武官の人々をいふ、後世二官八省たちてのちも衛門府につかふる人をゆげひとといひ侍所《サモラヒドコロ》にさふらふものを帯刀《タチハキ》といへり、

春宮にて帯刀といへるハ古名をのこしたるもの也、禁中にて帯刀を瀧口といふは瀧口に祗候するゆゑなり、院御所にて北面といふは北面に

祇候するゆゑなり、北面とは南面に對して院御所をさすことばなり、

伴男能八十伴男乎始氏 かゝるとものをの多かるを八十伴男といへるなり、本居先生云男は長《ヲサ》のこゝろ也、隆正云をといふかた本語にてさはそへていふ詞也、男ををといふもすめくゝる心也、緒ををといふもすめくゝるこゝろ也、そのひとむれをすめくゝるものををといふなれはをといふこともとにてそのをとなれる人をさといへるもの也、

官々爾仕奉留人等乃 は伴緒々々にそのをる役所あり、それをつかさといふ、そのつかさに仕奉る人々はかの後世に使部直丁などいふもの也、過犯家本雜々罪はかの天津罪國津罪には限らずその外くさ〴〵のつみといふことなり、

祓給比清給事乎 後釋にはらひはらへの差別をいはれし說はたがへり、古書にはみなはらへといひてはらひとはいはず、そを波良閇ははらはせのつゞまりたるにて人にせしむるをいふ言にて自他のたがひ也集ひ集へ祓幸ひ幸への例の如しといはれたれどよからず、これは一の上にとけるごとく

はらひはうはべにあるものをはらひのくることにて是は心中にふみつきてあるものをのくるにてことのこゝろ別なり、はらはせのつゞまりと見られしはくはしからず、」諸聞食止宣これは前文とおなしこゝろなり、

天都詔詞太詔詞考一之下 終

大國隆正先生著
福羽美靜子爵校

天都詔詞太詔詞考

下之卷

大國家藏版

下巻正誤表

	頁數	行數	自上字數	誤	正
誤字	二	三	十一	ば	ど
	二十三	六	二十五	天	大
	六十八	五	二十四	ダ	グ
	七十九	一	十八	つ	ず
	百一	六	三十二	ら	ち
	百十三	七	八	の	と
	百十六	十一	四	たく	くら
	百二十三	三	二十九	わ	は
	百二十九	六	七	〳〵	ぐ
	百三十	四	二十四	い	の
	百三十八	二	十五	は	は
脫字	二	十	二	れノ下「は」	
	八	一	三十一	きノ下「き」	
	八	七	十九	しノ下「た」	
	四十一	十一	十四	しノ下「て」	
	七十三	一	三十二	らノ下「れ」	
錯綜	五	十三	十	れらけハ「けられ」	
	九	九	九	しろハ「ろし」	
重復	七十二	十二	一		る
	七十四	八	六		いと
	八十七	十三	十		わ
	百十四	八	三		と
	百一	六	十七	詞	

天津詔詞太詔詞考二

大國隆正著
福羽美靜校

高天原《たかまのはら》爾《に》神《かむ》留《とゞまり》坐《まします》皇《すめらが》親《むつ》神《かむ》漏《ろ》伎《ぎ》神《かむ》漏《ろ》美《み》乃《の》命《みこと》以《もち》天《て》八《や》百《ほ》萬《よろづの》神《かみ》等《たち》乎《を》神《かむ》集《つどへに》集《つどへ》賜《たま》比《ひ》神《かむ》議《はかりに》議《はかり》賜《たまひ》氐《て》我《わか》皇《すめ》御《み》孫《ま》之《の》命《みこと》波《は》豐《とよ》葦《あし》原《はら》乃《の》水《みつ》穗《ほ》之《の》國《くに》乎《を》安《やす》國《くに》止《と》平《たひらけ》久《く》所《しろ》知《し》食《めせ》止《と》事《こと》依《よさし》奉《まつり》岐《き》　右初段

此文章を十段に分てり、これにより如此といふこと九ツあり、初段は國よさしをいひ、二段は降臨をいひ、三段は天罪國罪をわけ、四段は行事をとき、五段は感應をしらせ、六段は其功德の始をいひ、七段八段九段はその中をわかち、

十段はその終をいひて結ひたり、連環とも名づけいふべき文章の躰にて和漢古今に比類なき名文なり、

古へはさもなかりければ、近き代になりて此文を注せる人、數十家あり、しかるに名文の名文なるわけをしりえたる人いまだあらず、これによりおのれこの文を注して名文の名文なることを人にしらしめんとする也、

高天原　たかまのはらといふに諸説ありていまだ定まらず、隆正おもふことあり、高天原はわが天皇のおこり給へるところなり、人々の先祖《トホツオヤ》もまた高天原よりいでたるもの也、しかるにその高天原のいづくとも定まらぬはうれしきことのかぎり也、もし外國の人に問はれたらんときいかゞこたへんとかおもへる、わが天皇の神代より一すぢにかはりたまはぬことをい外國の人もしりてうらやむことなるにそのれこり給へる高天原の定まらぬは口をしくうちあはぬこゝちなんする、外國の人にとはれたらむとき今の世の人をおもふに十人に七人はしらずとこたふへし、殘の三人はれのか心々、

又は聞傳へ、またハ師傳によりて、あるひは大和の高間山とこたへ、あるひはいつことさしていはれねど天上にさるところありとおもひてありといひ、あるひは日輪をさすなどおぼろにこたへたらむには外國の人といふうちにも唐土人などハあざけわらひて、萬世唯一統などいひはこれども上つ世のことは我國にひとしく、さはわからぬものなりけり、王者の筋のかはらぬも、偶然といふものにて實《マコト》ハ下にそれにかはるべき豪傑のなかりし故なりけん、などいはれんハくちをしきことならずや、

唐土の人、唐土の古へにくらくして、三皇五帝のことなど、周代よりはやく世にその傳を失ひて其說まち〳〵なりき、これによりおのれその三皇五帝をわか日本の古事に考へ合せ三五後案といふ書《フミ》をあらはしてこれを定めたり、その國の古事を其國の人定めかねて外國《ホカグニ》の人に定められたるもをかしきことにあらずや、しかハあれど所詮かの國は、王統の定《サダマ》らぬ國なれバ、いかにもありなん、わが日本の皇統ハそれとはことなる皇統なり、いやしくもその皇統のおこりたる高天原のことなれバ

たしかに定めおくべきことになん、

これによりおのおの若かりし頭より高天原を思ひ定めんといたく心をつくしたり、おのおのまづおもひ定めて、さて後《ノチ》人におもひ定めさせんとおもへばいたく心をつくしたり、おのおのこそおもひ定めたれ、されども人のうけひかぬはかひなきわざなるべし、人のうけひくべき高天原をおもふにいとかたし、さるハ人の心にさま〳〵あり、心せばき人ハこゝろひろき説をうけいれず、心ひろき人ハすくなく心せばき人の世に多かるハいかにせん、所詮千萬の人のうけひくべき高天原ハいひがたければ、まづ心ひろき人のうけひくべき高天原を定めたるにより是をいふ也、これハ我心におもひ定めたる高天原也、はじめこそ心せばき人ハうけざらめ、心ひろき人のうけいるゝをみてわからぬなかにつひには心せばき人もうけいるべし、天地の眞《マコト》なれば、つひにはこれに定《サダマ》るべきなり、

是は我説をたてんとていふにあらす、かのまち〳〵なるをなげきて一ツにせんと思ふ眞心よりかくはいふ也、

さてそのわが思ひ定めたる高天原は、日輪のもなかにある幽冥世界これなり、かくのみいひてはいかに心ひろき人もしたがひがたからん、これにたがはずといふしるしをつぎ〳〵にいふべし、世の人は日輪をいかなるものとかおもひてあるらん、儒學をする人は陽精なりとこともなげにいへども、その陽精のまろかれて千古たがはざるわけはしらぬなるべし、此地球もまろきものにて月も星もみなまろきもの也、まろきものにて同しく空中にかゝりてあるからは日もまた地球にひとしきものなることをしるべし、月も星も國ならむとおもひ定めて、さてのちわか古書を見るべし、古事記に月を夜之食國、續日本記に日を天照國といひてあるなり、これを信せざるものは神代記をよむべからずよみてもわかるよはあるべからぬものなり

これらのことをいふは、三大考、靈乃御柱にことふりたり、されどそれらの書を見て信せざる人の多きによりていふ也、その二書ともに月を夜見の國といへるはうれらけねど、日を高天原といへるはよろしき考也、神代巻はすべて日球と地球とのくみあひをいへるものにてあれば、日球地

球のありかたにくはしからでは解れぬものとしるべき也、これをしらむとするには天文地理の學によらざることをえず、天文地理の學にさまぐ〜ありさまぐ〜あるが中に西洋の地動説、よく天地の眞にかなひてあるなり、

測量の術にくはしきゆゑに、よく天地のありかたをしれり、是によりて經星緯星をわかち、日光の照す處土星天にとゞまることをしり、經星はみな自光ありて夜あらはるゝ道理をあきらめ、日球は緯星天の中に居て動かざるものなることをさとり、日光地を射て潜火をおこし、水とくみあひて萬物を生育することわりをしるときはおのづから神代の古事はわかるものになむ、神代卷は天地の始を傳へたるもの也、今の天地をしらずしてその始をしらんとするはたがへり、

世には神代卷を日本のはじめとおもひてある人もあるべし、日本國のみのはじめにあらず天地をも外國をもかねたるものなり、

すべてものには反對あり、反對の理にくらくしては天地のことはとかれぬものになむ、神代の古事もまた解れぬものになん、これによりいま高天原と

地球上の顯露《ウツシ》界《ヨ》と反對してくみあふことわりを書《カヽ》につくりて示すべし、

今見ル日輪カクノコトク大也

此圖は日本寛正の古圖と西洋の新圖とをうつし出せるもの也

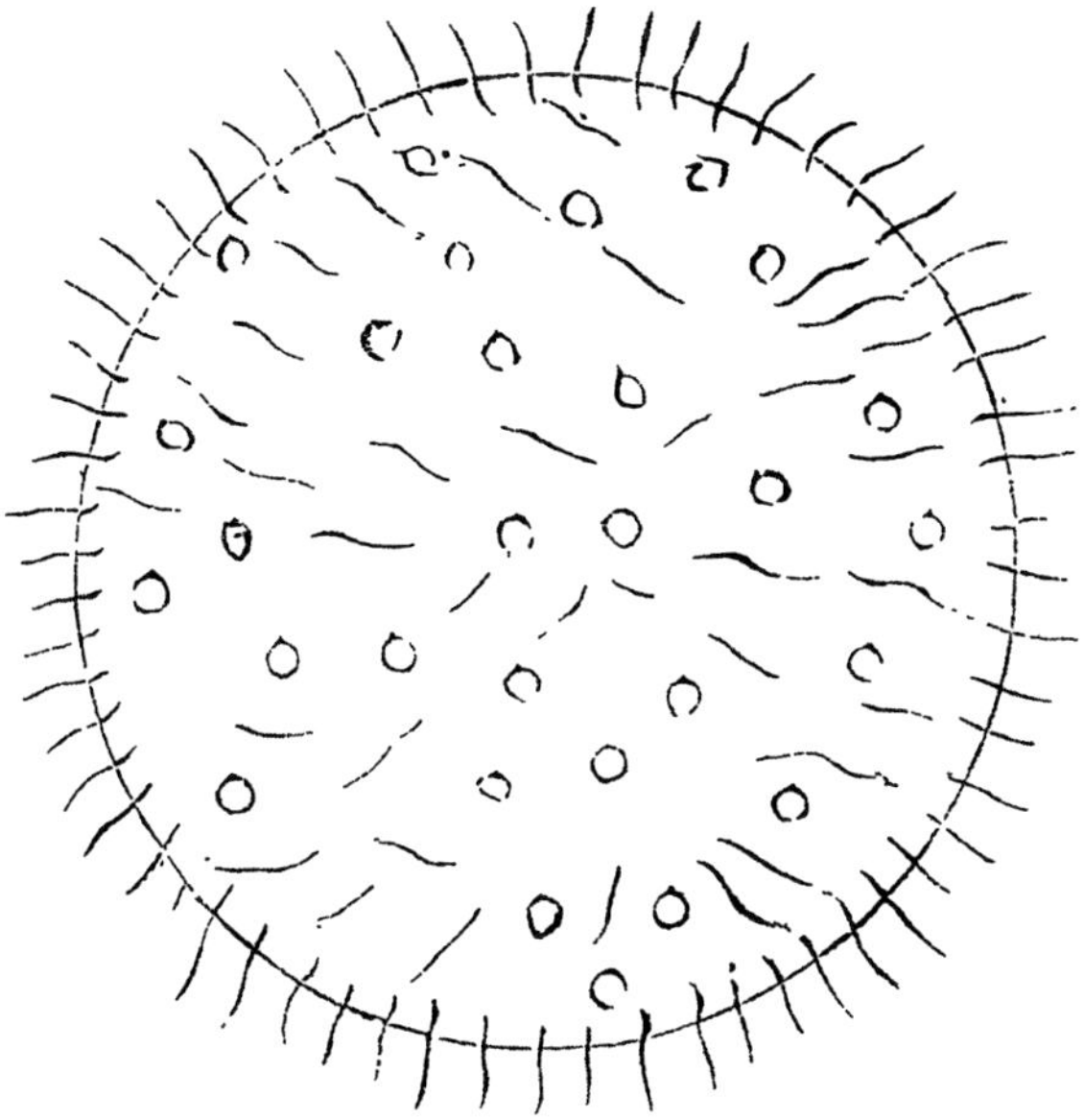

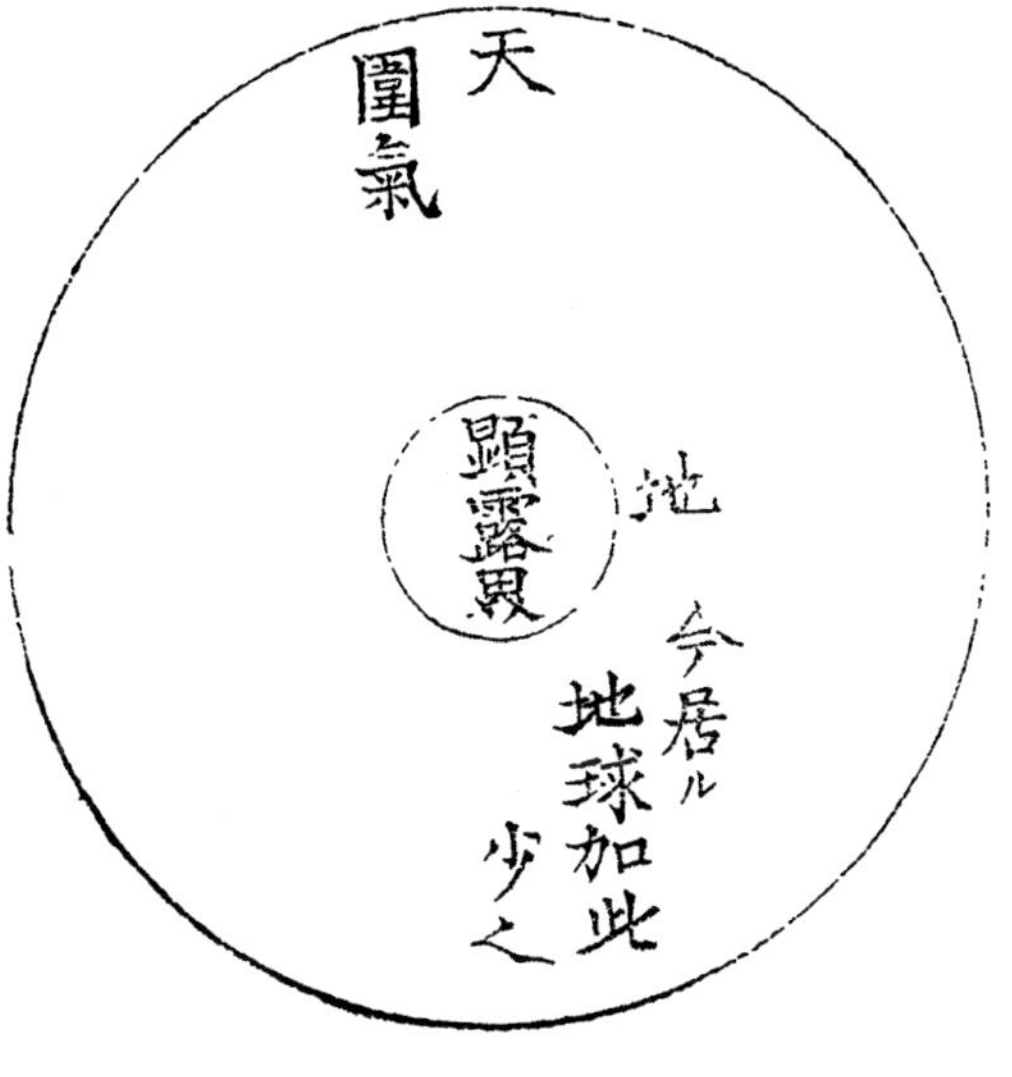

日は外面に洞あり、山あり、火は山よりも之あがり、洞よりもわき出で、人の住べき處なし、その中點に高天原はあるべけれどこのかたよりは見えず、

我日本國に傳はれる寛正の古圖と西洋の新圖と、よくかなへるも奇し
ことになん委《クハシク》ハ古傳通解に說《ト》くべし、

その高天原ハ、顯露界に異ならずして、同しからず、その國の人かたちなくして形あり、人に似て人にあらず、よはひハ天地と共に長く志て、うれひ苦志むことなし、この顯界《ウツシヨ》の人も死ぬればその魂《タマシヒ》その國にいたりて天地を造り給へる神たちにまみえ奉る也、志かれあれど罪とがありてはいたらるゝ處にあらず、是により朝廷《オホヤケ》にも年に二度《フタヽビ》大祓しまひてその罪とがをはらへおき、この顯露界の人のたましひをして高天原にいたら志めんと志給ふもの也、

かくいふを聞て佛說に似たりと志りうごつ人あるべし、これはわが說の佛說に似たるにあらず、まことは佛說のわか古傳に似たるものなり、佛說はかりにあらず儒にもまた死後天に生るゝ說あり、漢土《モロコシ》へも天竺へもわが國の地祇渡り給ひて、神道を傳へおきたまへるにより似たる說もあるなり、似たりとてそれをきらひ、ひとふしかへてとかむとするは、なかなかにいまだし、

萬葉に哭澤之神社《ナキサハノモリ》爾《ニ》三輪須恵《ミワスエ》雖禱《イノレドモ》我王者《ワガオホキミハ》高日所知奴《タカヒシラシヌ》、また久堅之《ヒサカタノ》天《アメ》所知流《シラシヌル》君故爾《キミユヱニ》月日毛《ツキヒモ》不知《シラズ》戀渡鴨《コヒワタルカモ》、また王者《オホキミハ》神西坐者《カミニシマセバ》天雲之五百重之下《アマグモノイホヘガシタ》爾《ニ》隱賜奴《カクリタマヒヌ》なとよめるうたあり、いまこの心をとくへし、

これも靈の御柱にことふりたることながら、いさゝかわか說はたがふところあるによりまたひきいでたる也、今かたへに靈の御柱なければよくも覺えねど、五百重之下にといふ歌は、ひきいてゝはなかりしやうにおぼえたり

哭澤の神は命乞の神なるよし古事記傳に見えたり、わか大王は高日所知奴は、この顯露界《ウツシヨ》をしろしめさで日の中にある高天原をしろしめしたりとのこと也、久堅の天しらしぬるも日中の幽界をさしてあめといへるなり、

天《アメ》に、地《ツチ》にむかへていふ天《アメ》と、國にむかへていふ天《アメ》とあり、日中の幽界をさすあめは國にむかへていふあめ也、

天をしらすといひ、高天原をしらすといふにうたかひあるべし、高天原には天照大神高木神といふ本主あり、その外、名ある神たち多くおはします也、し

かるに天に上りて、其神々をれきて、天をしろしめすべきよしあらず、天照大神の御末の御靈《ミタマ》は、天照大神に混《マロ》がり、高木神のみすゑの御靈《ミタマ》は、高木神のみたまに混《コミ》がるによりしかいふときこえたり

此わか説に加上せんとて、あるひは高天原に上りて幽地をえたまふことゝし、又星の世界をしろしめすことなどいふ説をいひいたすものあるべし、萬々年の末かけていかばかりの人か死ぬらん、その人ごとにあらたに高天原に上りて幽地をうべくもおもはれず、星はみなこれまでの本主あるべし、その星にいたりてしろしめすことあるべからず、元《モト》つ祖神に混《マロ》かるといふ説穩《オダヤカ》にしてよくあたるべし、しか加上の説をいふらん中に、かの魚卵のことき星のあつまれる天漢の一星をえて廣莫の地の別に世界をたつるものなりなといはんは加上の説の中にてはすぐれてありぬべし、智のいたくすぐれたらん人のたましひはさるわざをするもあるべし、それもよく天神のみこゝろにかなひて世にある時おほくの人をすくひなど功業あつき人のたましひにはさることもあ

るべき也、されどこれらのことをいはんはあまりに荒涼也、おしなへて善人の魂《タマシヒ》れ元《モト》つ御祖《ミオヤ》の御靈《ミタマ》にかへり混かるものなること、かの萬葉のうたにてみるべし、

天雲の五百重がみたといへるは、五百重の裏、五百重の底などいふにひとしく地よりさかりてある高天原をいへるなり、この祝詞に天之八重雲乎伊頭乃千別爾千別氐とあるは日球より積氣の天の八重棚雲をいつのちわきにちわきて天降給へることといへるなり、かの萬葉なる大王《オホキミ》は神にしませば天雲の五百重が下にかくり給ひぬ、とあるは、それをかへさまにみたることゝろにて、御子の死にたまへる御靈天雲の五百重へだゝれるあなたの日球中にある神界へかへり給ひかくりたまへりといふこゝろ也、一隅につきていへば天地に上下あれども、三隅にわたりておもへは天地に上下なきもの也、

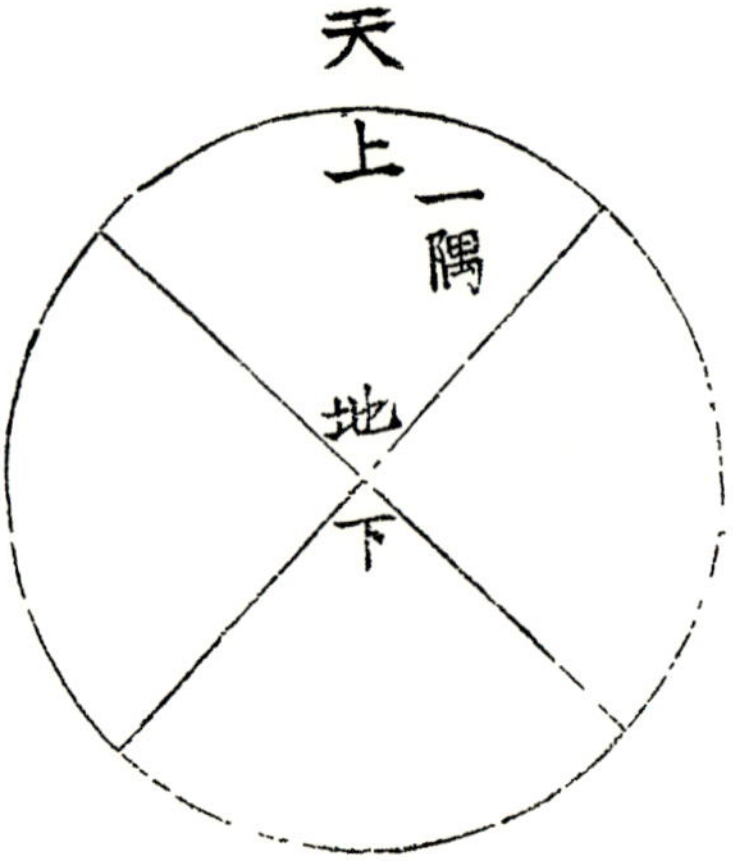

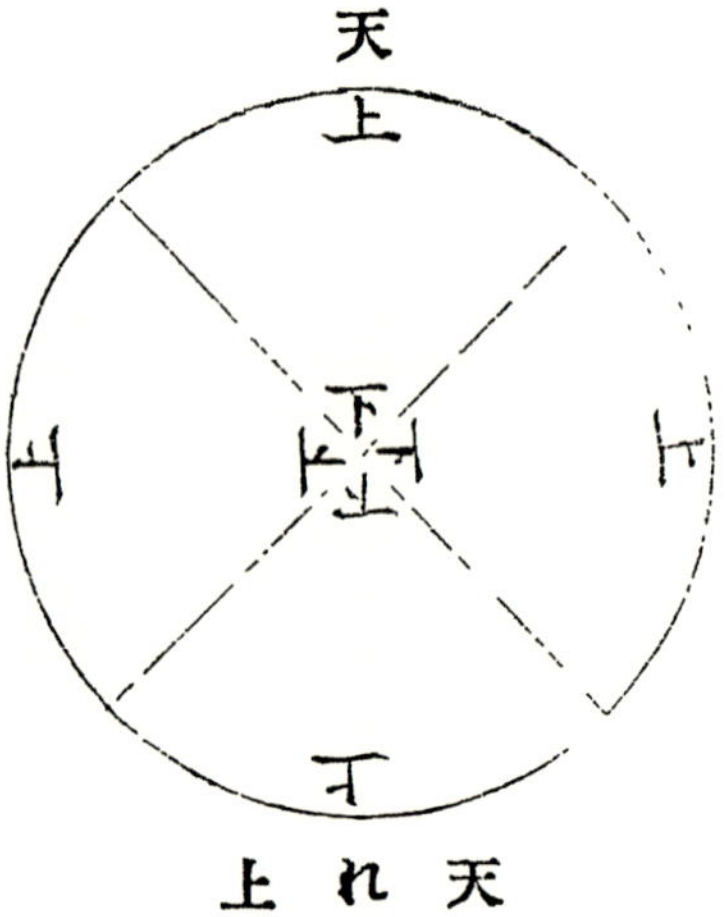

天を上とすれは此處も上也

又 此所を下なり

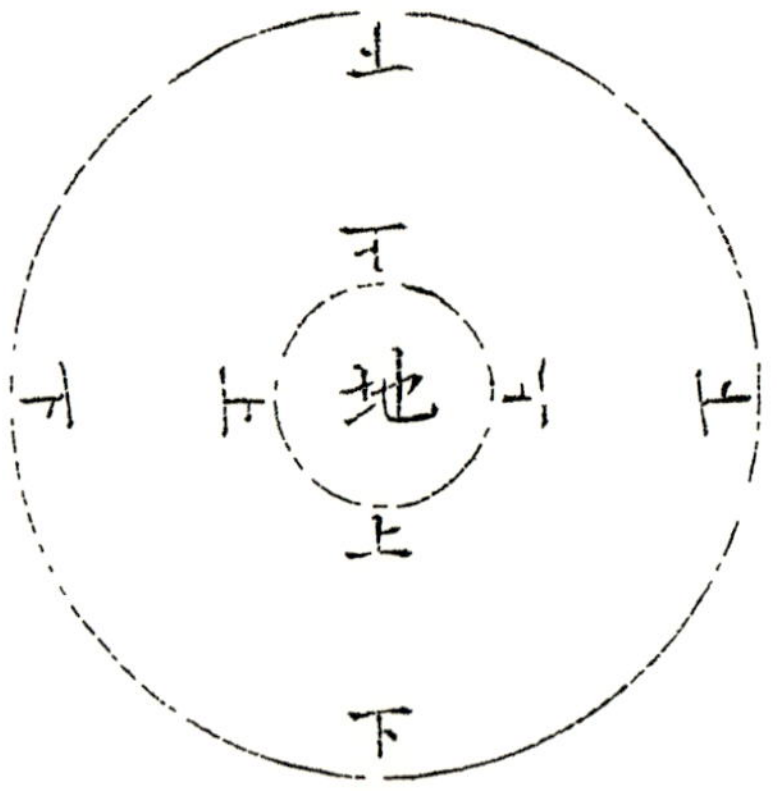

地を下とするときは

さて此祝詞は死後のことをいふにあらず、現在にて、罪科をはらふことをいへるものなれど、かの連環十段の文意をよく〳〵味はひてみれば、十段より又初段へたちかへるこゝろあり、それ次の條下にいふを見てしるべし、まことに神妙なる文章にて、わづか十段の文章なれども、神代紀記の大意をつくし、そのうへ人間界より日球にたちかへり、又天降《アマクダ》り連環してやまざる神理の大綱をしらしめ、人の世にある心え、死にてゆくさき何事ももらさず、かゝる文章あればこそわか日本國は萬國にすぐれてあるにはありけれ、それ麁忽《オロソカ》に見すぐすことなかれ、
高天原といふに三ッのこゝろあり焚《タク》は火をもて物をたくをいふことばなり、長《タケ》は中より四方へひろがるこゝろなり、

た—かきくけ●（一二三四）—ラリルレ●
装
た—●●くけ●（三四）
長—●●るれ●

たか（高）—さし●●●
　　　　　—かきくけ●—ラリルレ●

日輪の外廓に火あり、わきいづる油、琉黄のたぐひを焚《タキ》て萬古もえやまざるものなり、又その中に神界ありその神界の神光長《タケ》く、水星、金星、地球、月球、火星木星、土星此七曜を照すなり、その外廓に蜂の巣のごとき洞穴あり、その洞穴より神光をはなち緯星天をてらすもの也、

寛正年中に漢寫せる日本古傳の大陽圖といふもの藤貞幹か集古圖の開卷第一にあり、それにその洞穴のかたはあるなり、

この三義をかねて高天原といふもの也、なほくはしくいへば、原は腹のごときものなり、（（かくの如く張いでゝみゆる内に神界あり、腹こもりの世界也、瓶の腹といふもみかのはりいでたるをかたくより見ていふ名也、はらいもと張といふことばよりいでたり、内より張るところなり、

神留坐　かむづまりますといふ説もあれど、なほかむとゞまりにてよろしかるべし、これは高天原に留り給ひて、この地球上の顯露世界へくだりたまはぬ神をいふことば也、天照大神は御靈《ミタマ》を鏡につけて此地球上へくだし給ひながらも其本靈《モトツミタマ》は高天原に神留まりおはしまして神光をたこし、緯星天界

を照らしれはします也、かむとゞまりのかむは奇《クス》しく妙《タヘ》なることをほめていふことば也、神の御所為《ミシワザ》はすべて人の意表に出《イデ》て神《アヤ》しく妙《タヘ》にれはしますもの也、それをかむといひてほめ尊《タフト》むことなり、天上地界肉身の往來はたえてなきことなれど、神靈の往來はつねにあることゝ見ゆる也、罪とがを祓へつくしたる人の魂《タマシヒ》は天照大神高木神にひとしく天に上りて高天原に本靈は神留りなからその靈を地に下《クダ》して神社に祭られ位牌によりて長く祭を受るものなり神威さかりになりぬればその御靈《ミタマ》をいくつにもわけて祭をうくるもの也、これを拆靈《サキミタマ》といふ、

拆靈《サキミタマ》の別に形をなして元靈《モトツミタマ》と問答《トヒコタヘ》したること、神代紀に見えたり。これは神業にて人のするわざにあらず、人はさる神《アヤ》しきわざをせぬをもて尊しとす、神はまたさるあやしきわざをして人を救ひ助け給ふものなり、

天照大神その本靈は、今もなほ高天原に神留りまし〳〵て、その拆靈のすぐれたるものを鏡につけて天降し、伊勢度會の宮にまさしめて、なほ皇統を守

りおはしますなり、その伊勢の御靈のまた拆靈《サキミタマ》諸國に神明宮といつかれておはします、又御師の年毎に配る大祓にもそのさきみたまはつきそひてその家ことの神棚におはします也、天滿宮など世におはしましけるはこれ、菅公右大臣道眞公にてわたらせたまへるを、死に給ひてその御靈はあめにのぼりて御祖天菩比命に混《マロ》がれ給ひけん、その拆靈《サキミタマ》は筑紫にも北野にもおはしまして神威《ミイツ》をかゝやかし給ひ、その外、國々に拆靈かぎりもなくおはしまして世をすくひ人を助けおはしますなり、

これにより、たれも天に上りて先祖の元靈に混かり神留りてその拆靈をまた地にくだすことをさとるへし、

皇

すめは、天皇をさしていふ也、すめはすむると活く詞にて、それを躰詞《コトバ》にしてすめといふ、らは御代々の天皇をひとつにしていふこゝろなり、

す──ま一●
　　むめ三四●
　　るれ《ミルミレ》●
統　ら一り二る三れ四●

古言にてはすめすむるすまるといひしことはなるを今京になりてはびぶべぼにうつしてすべすぶるすばるなどいふことになりたり、

す──ば●　ぶ三　べ四●
　　ら一　り二　る三　れ四●
　　●●　る《ミル》　れ《ミレ》●

かくのごとくうつりたり、これによりすめらきをも古今序にすべらきといひてあるなり

倭名抄に昴須波留とあるもすまるといふことと也

親神漏岐神漏美命以氐

後釋云皇親とつゝけてスメムツとよみきたれるはあるべき語にあらず、古言をわきまへぬみだりよみなり、祈年祭の祝詞に、皇吾《スメラワガ》睦《ムツ》神漏《カムロ》岐命《キノミコト》神漏彌命云々、出雲國造神賀詞に、親《ムツ》神《カム》魯《ロ》岐《ギ》云々、孝德紀に、今我親《ムツ》神《カム》祖之《ロギノ》所知《シラセル》穴戸國中云々、これらを以て親は下につけてよむことをしるべしとあるはまことにしかり、むつはむつましむこゝろ、うみの父母にかはらずおぼしめすといふこゝろ也、げに天照大御神高木神いつまでも天

子のうみの父母にひとしくおもほしめすべき神にておはしますなり、天照大神はかしこし、高木神ハたれも〳〵うみの父母にひとしく思ひ奉りてその御心にそむかず、父母主人夫を本とたて、よくこれに仕へ世を助け人をたすけて世をわたるへし、これを高木神の御心とす、よくこのこゝろをつとめたるものゝ魂《タマシヒ》ハ、天《アメ》に上りて高木神のみたまに混《マロ》がれては神留り、又靈を拆きて神社にあまくだり位牌につきて祭りをうくるもの也、

いまた姓氏を名のり給はさる親王諸王のみたまは天照大神に混《マロ》がりたまふなるべし、かの萬葉集の歌によめる皇子をいためるうたなれ〓はしかおもふ也、天をしろしめす神は天照大神なり、その御靈に混かりて高日をしろしめすにより高日しらしぬとよめるもの也、諸人はみな高木神に混がるへし、高木神もひとしく尊き神ながらこれは後見《ウレロミ》しておはしますなれはいさゝかことなる處あり、その外にも先祖々々高天原におはしますなり、藤原を名のる人のたましひは天兒屋命に混はり、菅原を名のる人は天菩比命に混かるへし、これはわりざんかけさんにて

さとるべし、一をわりて萬となし萬をかけて一となすことわり也、一神の靈《ミタマ》千にも萬にも億にも分れて諸人となりてあれとも、黄泉にひかれざるものは、高天原にかへりて、その元神の御靈に混かるものとあるべし、萬葉のうたによりてこれをさとるべき也、

かむろぎかむろみは古書にかむるぎかむるみともいへり、おもふに古言にかみかむかむれと用《ハタラ》く一ツの詞ありて、かむるきといひ、またそのるをろとうつしてかむろきともいひけむ、その詞の心は、人の及はぬわさをして、人をあたかはしむるをかみかむかむるとはたらかせていひしものならん、その詞を躰にしてかみといへるなり、

此詞《コトバ》のことは太詔詞のトホカミヱミタメのところにて猶いふへきなり、

岐は男神をさし、美は女神をさす、かむろきは高木神をいふなり、高木の木やがてかむろきのき也、かむろみは天照大神をさす、高木神は天子の祖父祖母のごとく、天照大神は父母の如くにおはします神也、高木神は男神にしてそ

の妻神ハおはしまさず、天照大神ハ女神にして夫神ハおはしまさず、

これにハふかき故あることなり、古傳通解にいふを見てさとるべし、又古語拾遺には、神留岐を高御産巣日神に、神留美を神産巣日とあれど、此段の神漏岐神漏美ハしかにはあらず、龜卜傳に神漏岐ハ高御産巣日、神漏美ハ天照大神とあるこれ也、

此岐と美とにつきて人の心のつかぬ妙理あり、酒をしほりてその精をきとといひ、その粕《ハク》をみといふ也、稲にありしときは幹《カン》をきといひ、實《ジツ》をみといひしもの也、すべて草木ハ實《ミ》より幹《キ》をいだし、幹《キ》の末にまた實《ミ》を結ふもの也、その稲にてありしときハ實をむねとして尊み幹《キ》をすてゝこれをいやしめしもの也、酒に造るときは精をむねとしてこれを尊みゝ粕《ミ》をすてゝ是をいやしむる也はじめは實《ミ》を尊み、後ハ精を尊む、その稲《イネ》の實《ミ》も飯とし酒としてならべいへば甲乙なく實《ミ》のかたはなくては一日もあられぬにより、これをすぐれたりとやせん、人は精《キ》よりおこりて身《ミ》となるもの也、草木は實《ミ》をうゑて木《キ》とあらはれ、人は精《キ》をうゑて身《ミ》とあらはる、これもまた反して對せり、その稲の

實《ミ》を食《クヒ》て精《ナ》をかもし、精をうゑて身《ミ》を得るをおもへばすべて人と草木は反したるものになんある

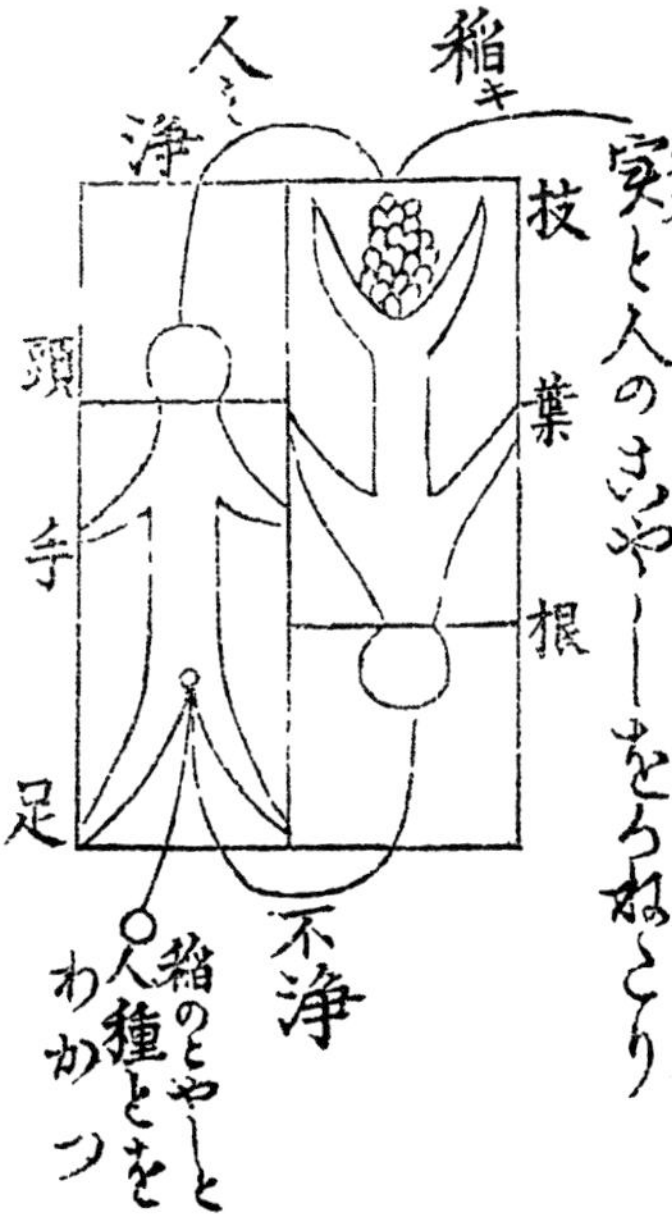

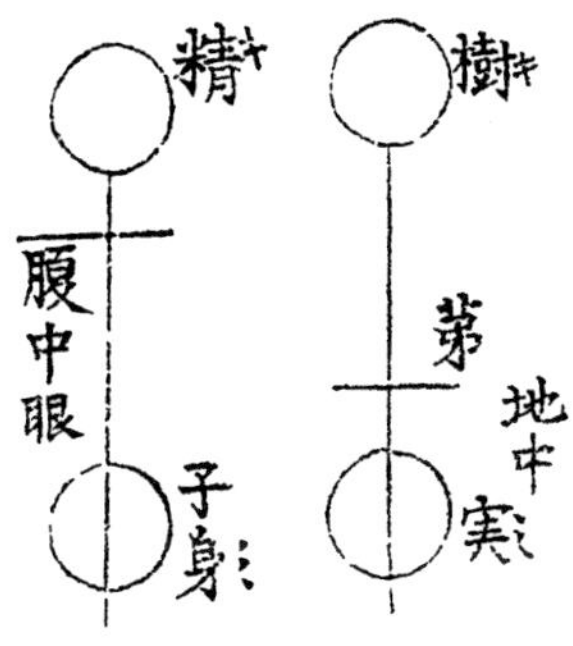

かくのごとく反して對せり、

これにより神漏岐は動物の精《キ》液と、植物の幹《キ》とをつかさどりたまふ神なることをしるべく、神漏美は動物の身体《ミ》と植物の種子《ミ》とをしり給ふ神なることをしるべし、かくのごとくかたゝがへにしりたまふことふかきゆゑよし

あることなり、

さのみ古傳通解にゆつりていはさらんも見る人あかぬこゝちすべければ、初學にはわかりがたからんとおもへとも、こゝにかきあらはすべし、

そもゝゝ天地《アメツチ》のはじめは、浮脂《ウキアブラ》のごとき一ッの物にてありしなり、そのあぶらの中にたくる實《ミ》あり、これをたかみといふ、又かむ實《ミ》あり、これをかむみといへり、そのたくる實《ミ》の本靈《モトツミタマ》を高御産巣日神といひ、かむみの本靈を神産《カムミ》巣日神といへり、その中に又一ッの浮脂のごときものを孕《ハラ》めり、それをかのたくるみのうちにてもれる、たくる精《キ》おしいだしたり、また一ッの浮脂れ、かむ實によりてなれるものなるにより、おしいだされてもかむ身これをつかさどりたまへり、これを地球とす、かのたくるみは追ひてこの地球にいたり給ひ、伊邪那岐神とあらはれて動物の精《キ》液と植物の種子《ミ》とをつかさどり給へり、又かの神産巣日の拆靈《サキミタマ》伊邪那美神とあらはれて、その精《キ》液と其實とを身にうけて孕み給へり、きうみいたし給へるを身といひ樹といふ、

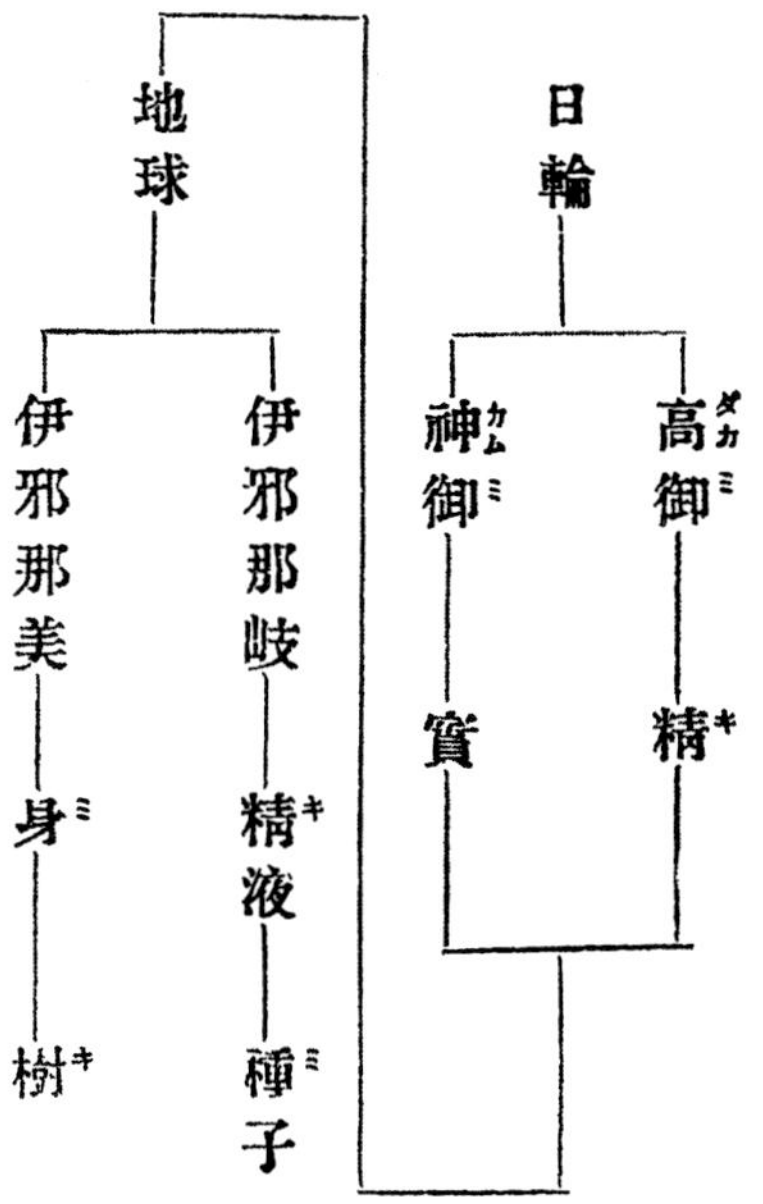

伊邪那岐伊邪那美命、みとのまぐはひして國土と神とを生《ミ》たまへり、國土をい蛭子にて生みいたし、神をは蘖子《ヒコハエ》にてうみ出したまへり、國土をば人身のかたよりうみいだし蘖子をば國土より生いたしたまへり、これにより人身のかたもなやみたまへりき、これは迦具土神につきていふ、さてのち伊邪那岐伊邪那美は、ことゞをわたして、絶妻の誓をなしたまへり、伊邪那岐命は天に上りてなほ精液《キ》と種子《ミ》とをつかさどりおはしまし、天照天神は、その母伊邪那美命のうみおきたまへる身《ミ》と幹《キ》とをつかさどりおはします也、これによ

り高木神を神漏岐、天照大神を神漏美と申す也、高木神は、人の精液《キ》をもとにしてそのうちに草木の實をつかさどり給ひ、天照大神は、また人の身をもとにしてそのうちに草木の幹《キ》をつかさどりおはします、其又樹と水《ミ》とは須佐之男神つかさどりおはしますなり、伊邪那美命も、又身を地下へひきておはしますなり、

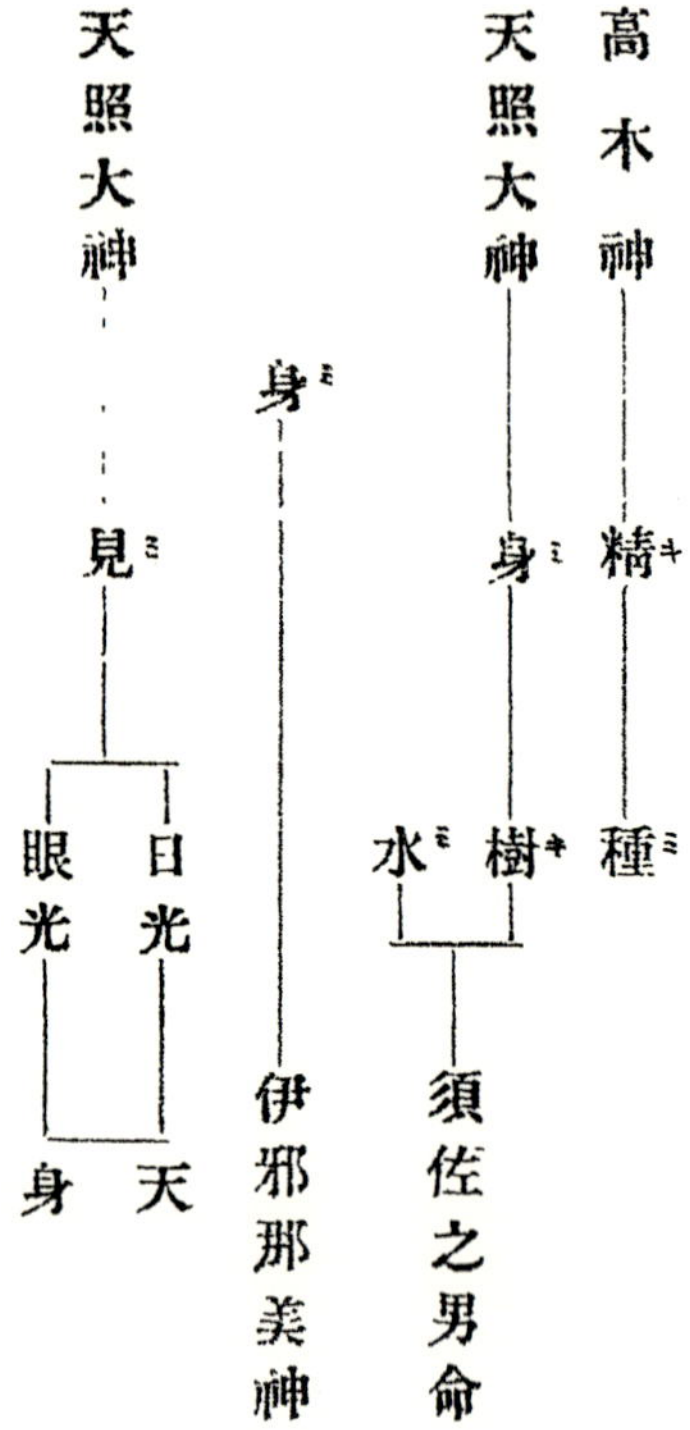

これは大筋をとけるなり、くはしくは例の古傳通解にとくを見てしるべし、

命以は、仰せことをもちてといふこゝろなり、

八百萬神 やをよろつとは、かぎりなき恒星天の一星一星つかさどり給ふ神をこの高天原へ集へたまへる也、恒星のうへにても緯星天はすぐれたる別《コト》天《アメ》にて、わか天照大御神の御稜威《ミイツ》によりて八百萬《ヤホヨロツ》の一星〳〵主宰の神靈もこの高天原へ集へられひきよせらるゝことゝおぼえたり、

おなし高天原のうちにその神八百萬といふはかりの數おほくはおはしまさゞりけんよし、おはしましたりとも此神議にあづかり給ふ神はおぼろけならぬ神と見ゆるに、さばかりは高天原におはしまさゞりけん、地球上の神はつとへ給はさりけんとおぼゆる也、恒星天一星〳〵の主宰の神靈と見れい、八百萬の數にもかよひて、げにつとへ給ふへき神々にておはしますなり、

神集集賜 古くよりかむつとへにつゝへたまひとよめるはよろし、後釋後々釋等ににをはふきて、かむつとへつとへ給ひとよめるはわろし、つとへにつとへはかりにはかるといふはねんころにいくたびもする心にて、ことをつよくいふなり、そのつとへにつとへ、はかりにはかりといふ詞にかむとい

ふことをそへていふなれば、かむつとへにつとへ、かむはかりにはかりとよむこそよけれ、つとへつとふるつとひつとふつとへらるなとまぎらはしき詞なれはよく活法をわかちてたしかに心えおくべし、つとへつとふるはしかするものありてしかする也、つとひはしかせられてしかする也、つどへらるはしかせらるゝなり、

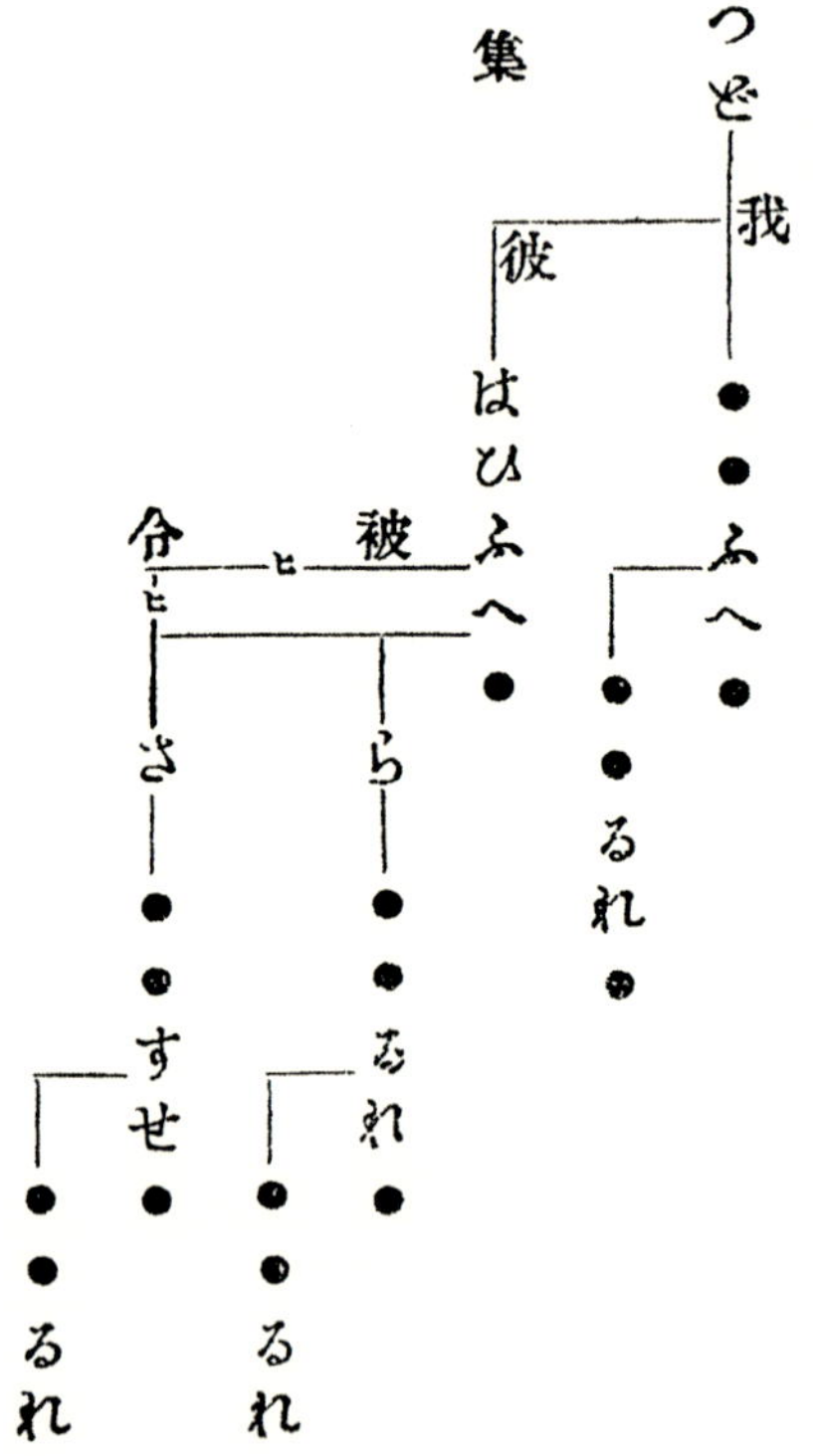

つどふれはつどふ也

神議議賜 かむはかりにはかりたまひは、はかりにはかりてゆきどゝかせ

たまへる也、八百萬の恒星主宰の神靈もみなよろしかるべしと一同したまひ、高天原の神たちも皆しかるべしといひ給へるによりさられといひて降し給へる也、かりそめにたやすくし給へるわざにあらぬこと此一對のことばにてあきらかにしらるゝ也、さればわが國の皇統連綿たるは偶然にあらず、八百萬神をつどへにつどへてもらし給はず、はかりにはかりてれつるかたなく、みな恐くよろしからんとまうせるによりて定め給ひ降し給へる御位なれば動き給はぬはうべなることならずや、

これまで寶位のことをいへるものも神議のことをとけるものもあれどかばかりひろく大きくかたくまさしくときたるものはあらじ、これは隆正が説キてはじめて、人にしらしめたることながら天地のはじめはこれにたがはざりし也、寶位のはじめはこれにたかはさりしなり、外國にたぐひなくまことに尊とき寶位ならずや、いとも〳〵めでたきわが國にあらずや、

はかるはたがいふこともたがはぬをいふ、はかりにはかるはいよ〳〵心中

よりたがはざるか、志からざるかといひこゝろみたがはぬ處をもてさだむる心也、律度量衡みなはかりとよめり、十二の調子はたがはざるもの也、度《サシ》もまたたがはざらしむるもの也、量《マス》もまたたがはさらしむるもの也、衡《ツモリ》もまたたがはざらしむるものなり、

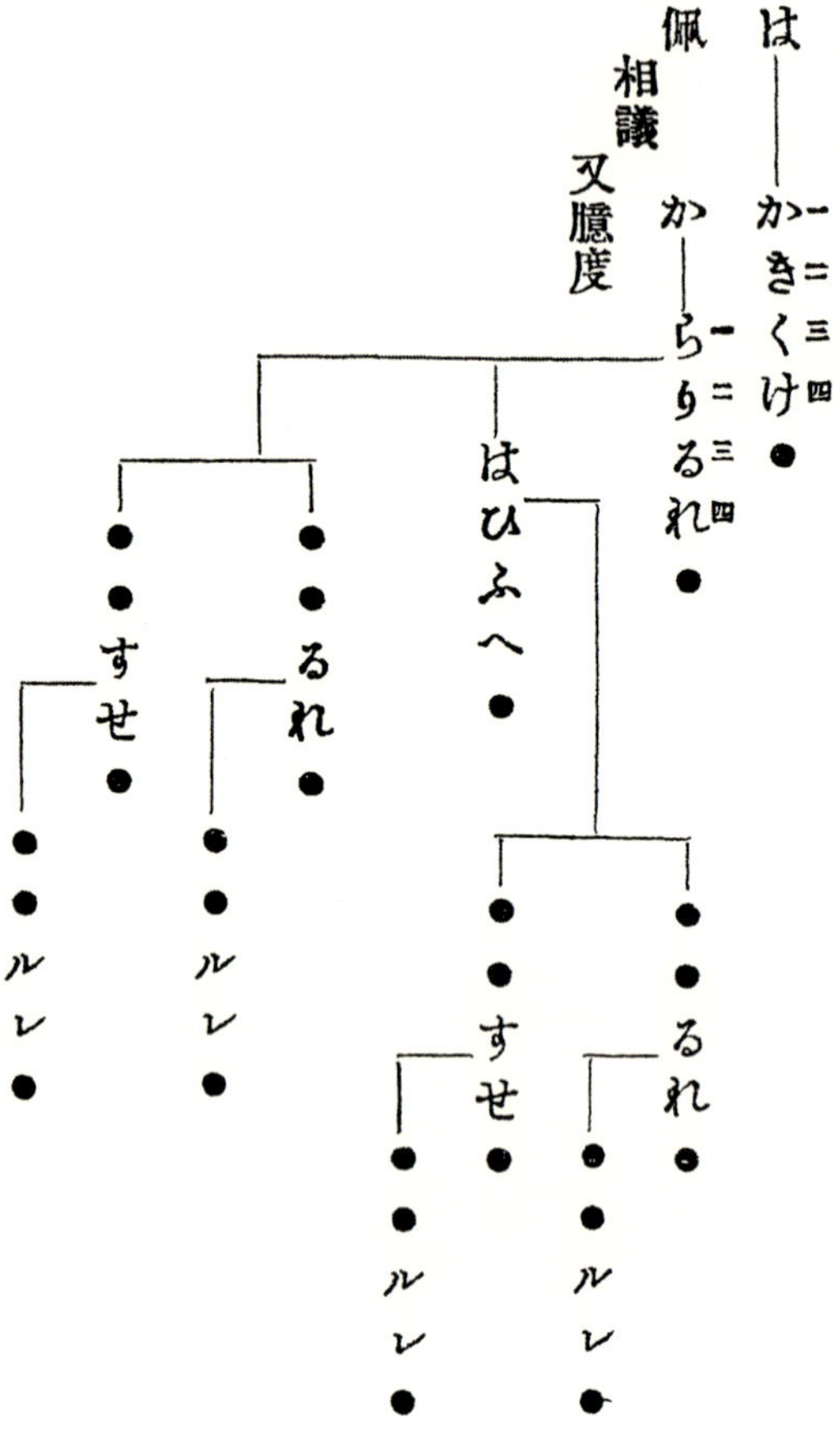

はかるといふに二ツあり、相議と臆度とこれなり、相議は人とはかる也、臆度

は一人してはかる也、いづれもはからひとゆるめてもいへり、相議をもはからひといへどはからひといへば臆度のかたに聞なさる、相議はゆるむるかたなく、臆度はゆるむるかたあるによりおのづからしか聞なさるゝなり、こゝは八百萬神を集へに集へ給へるうへのことなれは臆度にあらず相議なり、臆度はわたくしにて相議はおほやけ也、もと佩くといふ言よりいでゝ人の心をわか心にそへて正しきにしたがひてひろきにしたかふ也、臆度はわか心にそのことをそへてはかるなれは公ならず、律度量衡みなその具を佩きてするこゝろ也、此處は恒星天一星々の主宰の神のこゝろをこの日球主宰の神の御《ミ》心《コヽロ》に佩きそへてはかりにはかり給へるこゝろ也、かくいふはそのかみをばかりいふにて、我臆度なれどもまことにかなはばつひに世間の相議にかゝりて世に普くもちゐられなん、

これは人と議てかきしるすにあらず、わか心に今の天地を佩き、古傳のことばを佩きてたがふべからずと思ふところをしるせる也、思ひはかり、はかりごと、すゐをはかるといふことなど、みな彼を我に佩きてたか

ふべからぬところを心にさだむるをいふ也、

我皇御孫命　わがといふ詞は、狹くも廣くもいふことばなり、狹くはわが一身をいひ、廣くは地球上をいふ、わが一身をいふは證するに及ばず、ひろく地球上をいへるは拾遺集採物の歌に、みてぐらはわがにはあらず天にますとよをかびめの神のみてぐらとあるたぐひ、天にむかへて此地球上の顯露界をおしくるめてわがといへる也、これを廣きかぎりとす、わがのがは誰が其がなどのがにて、われたれそれとれをもそへていひ、またれをはなして誰《タ》其《ソ》我《ワ》とばかりもいふ、一例のことはあり、されば我《ワ》と一言にいふを此詞の本とす、われ輪なり、一輪にして、我《ワ》といふ也、天地はすべてまろきもの也、圓からでもひと混げにしていふ也、

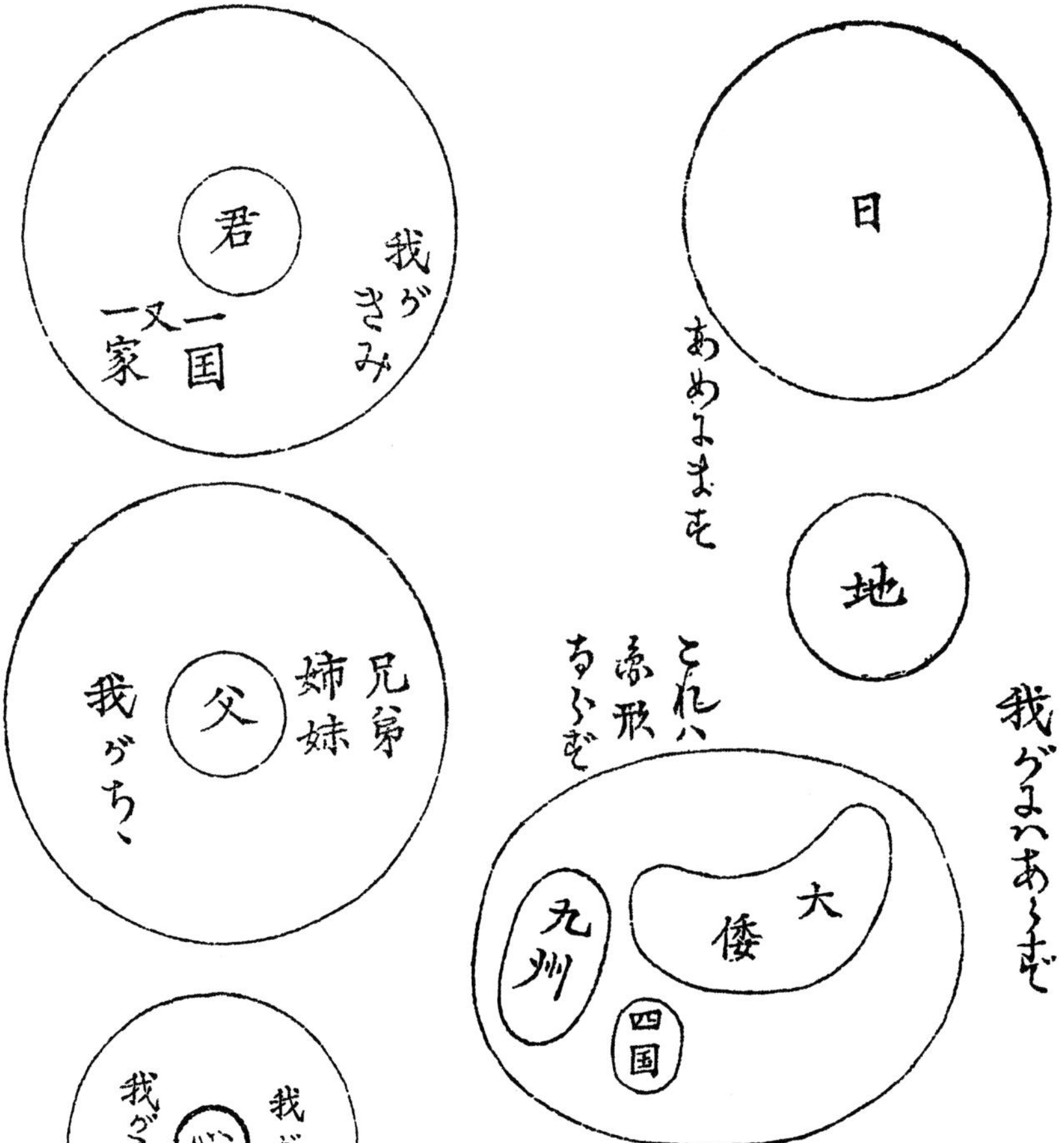

是は圓しまことに輪のことし
此三ッを一混けにして
我國
わがみかどなどいへり
いづれも一輪にしていふこゝろ

されバこのわがハかの採物のうたの、わがにハあらずとハ、かへさまにて、高天原を一輪にしてわがとのたまへるもの也、

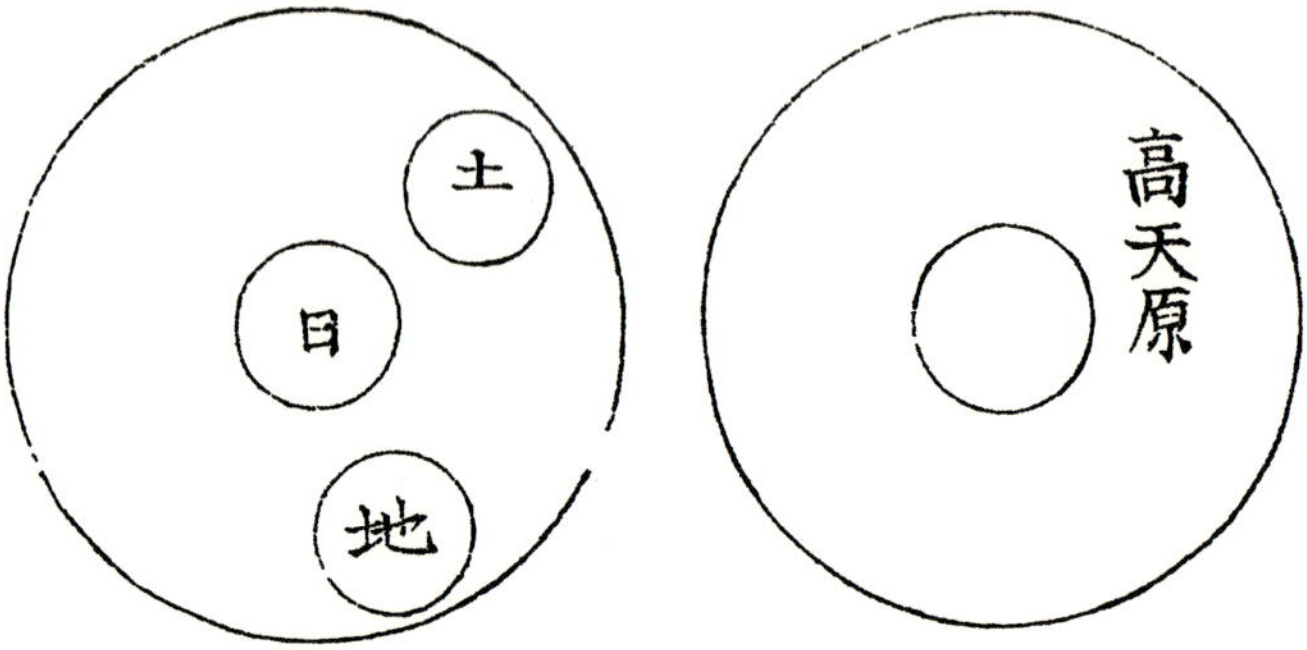

我が皇御孫命

いまだ地上にくだしたまはぬ

ときの御ことばなり

是を例にしていへば土星天までをかけても我がといふへし、

わがといふ詞の用法なほくはしくいへハ、本末廣狹をかぬることば也、たとへハ天皇も我が國とのたまふべく、庶民も我が國といふ也、されどもわがさすこゝろひとしからず、天皇の我が國とのたまふハわがものにしてのたまふ也、庶民のわがといふは我がものにしていふにハあらねど、われもその一輪のうちにすむによりていふわがなり、天皇のわが國ハ廣き輪へ狹き輪をかけてのたまふこゝろ也、狹き家にても主人のわが家といふハ此心なり、庶民のいふわが國は狹き輪をひろき輪へかけていふこゝろなり、家來のわが家といふハこの心也、されハこの我がも神漏岐神漏美の二柱を一輪にして我がとのたまへる御ことばながら、恒星天八百萬神々へ對してハ緯星天までへかゝりてきこゆるわがにてあるなり、

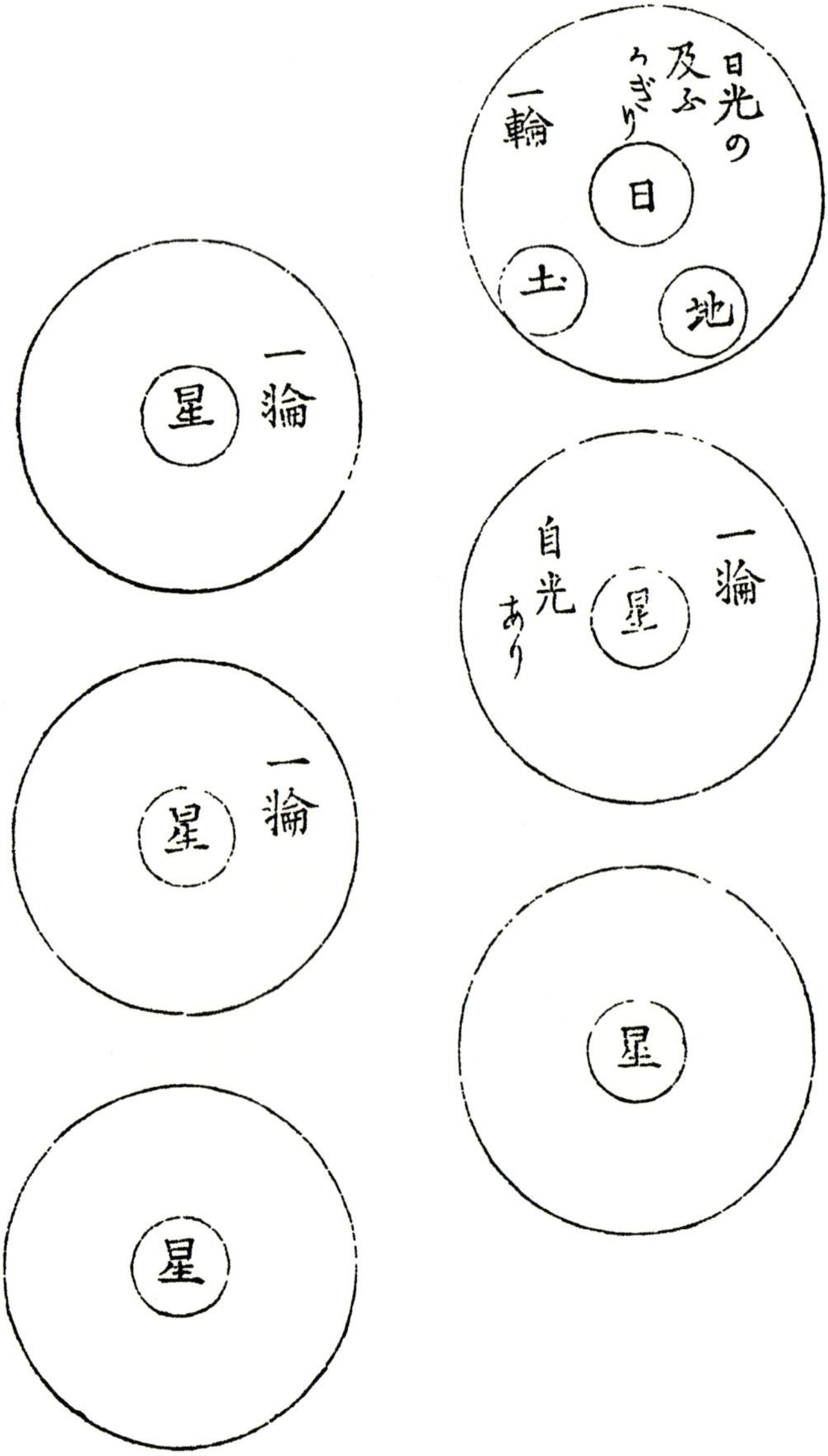

天照大神高木神ののたまふわがい日光の及ぶかぎり緯星天を一《ヒト》輪にして
のたまふこゝろをかねたり、わがといふことばに大極あり、

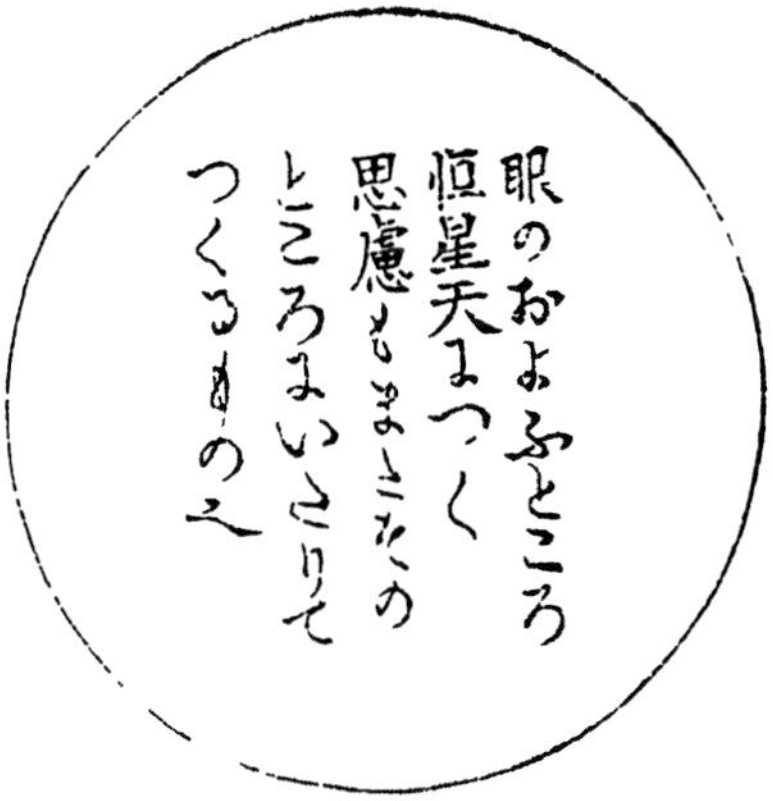
眼のおよふところ
恒星天まつく
思慮もまさたくの
ところまいさりて
つくるもの之

恒星天外

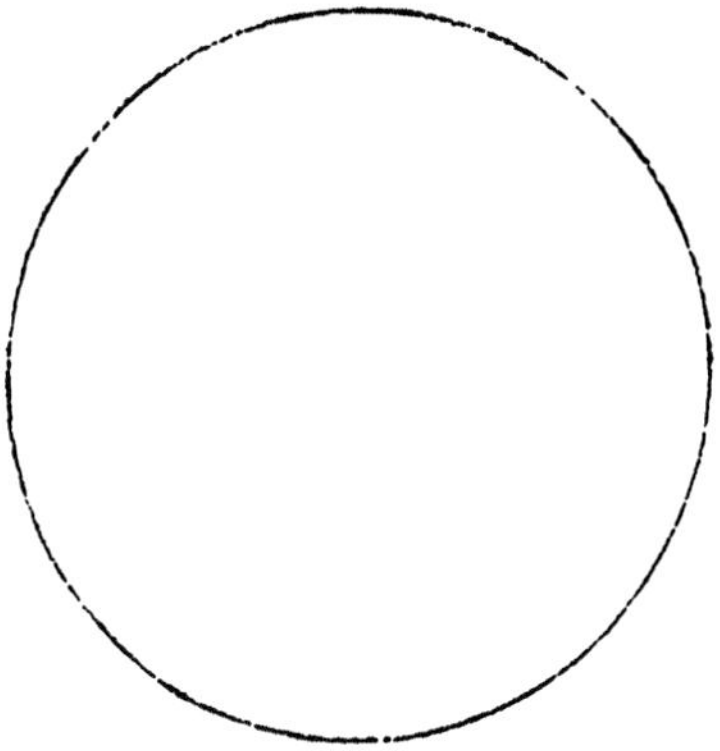

天地萬物我身もその内のひとつにて、この輪廓の内にありて外へいづることを得ざるものなりいでたりと思ふは虚想なり

恒星天外は聖人も佛もしらず、釋迦がいはゆる大千世界に恒星天ことごとく須彌あることをいへるにてかの天河といふものは恒沙の須彌といふべきもの也、金輪際を南極とし忉利天を北極として四州を地球の四面と見れば緯星天一須彌也、されば大千世界も恒星天眼界の外ならず、その大千世界のそのまた外は釋迦もしらず、これにより佛法にこれらのことを說を小乗部の見識としてたちもどり一心をしるを大乗としたるもの也、宋儒のとく處

もそれに似て天地間に浩然の正氣をみたしむることと天台の中道實相にもとづきけん、わが國の大道はそれらの大本にてわがといふことばをよくときうるときは佛家の一圓相、儒家の大極圖そのうちにてもりてその詳悉かれらか説クところに超たり、西洋の窮理説もまたこのうちにてもりて網羅してのこすところなきものになん、

なほ委しくは言神緯にとくを見てしるべしわといふ音のおこれるところ、そのすゑさま〳〵にわかれてまた一に歸する妙理その書につまびらかなり、

皇御孫命　皇孫とある文字につき、すめみまをすめみまでの略とおもふはわろし、みまは身体あるものをいふ也

伊邪那岐命の身《ミ》滌《ソギ》の段の御身を、傳にオホミマとよまれしはさることにてすめみまのみまもおほみまのみまも同しことば也、すめみまのすめはすめすむと用《ハタラ》く統《スベ》の心なるよしは皇《スメラ》の條下にとけるがごとし、さてこのスメミマとスメロキとは對語にて皇祖をスメロキといひ、現位をスメミマといへ

ること古言の例なり、スメロギれ、カムロギとひとしくその御靈の高天原にかへりてカムロキと混同したまへるをいひ、スメミマは現身をあらはして此世を治めおはしますをいふ也、こゝも地球上に身体《ミマ》をあらはし給ふべき瓊々杵尊にてれはしますによりスメミマの尊とのたまへるものなり、

考證してなほくはしくいふべし、

豐葦原乃水穗之國

天地のはしめ地球上は泥海《ドロノウミ》にてありしもの也、これは俗《ヨ》にもいふこと也、その處へ葦のおひいでたるなり、その葦の中へ伊邪那岐伊邪那美命蛭子《ヒルコ》の如きものをうみ出し給へるによりそれへかの潮にまじりてありし埿𡋽潮とわかれて吸はれしよりつぎ／＼に國土となりたるもの也、これによりそのはじめは葦の中に處々に國土の見えたるにより天上より地上の諸國を見給ひて葦原中國とのたまへり、されは葦原中國といふは地球上の萬國をいふ名にて日本の古名にあらず、地球の古名とみるべきなり、その葦原の中にある國の中にて日本國はことさらに葦もよくおひしげりてありしにより豐葦原といひ、みつ／＼しき稻穗のよくみのる國なる

により天上よりみそなはして日本國を豐葦原の水穗の國とのたまへるなり、

瑞秀の文字のこゝろと見てもよろしかるべけれど、なほ瑞穗のかた事實にかなへり、

安國止平久　爾雅の釋地に東方日所レ出爲二大平一大平之人仁《ナリ》とあり、これやがて日本國のことにて安國と平けくとあるによくあへる漢土《モロコシ》の古傳也、安國はかたからぬこゝろ也、平久は一同に上の仰を守りてよしあしをいはぬをいふ、上より下をあはれみそだて給ふときは下また上をかしこみて貢《ミツギ》をおこたらずいだし奉るなり、唐古《モロコシ》にていふ仁の道はもと皇國につける道にて上下おもひあひてかたみによく助けあひすくひあふをいふことば也、上下よく和睦するときは安國とたひらけく世はをさまりてめでたきなり、

所知食　しるといふは、今領すといふことばこれ也、めすはしる處のものをひきよせてつかふことなり、

し——ら一り二る三れ四●

領
ら──さ一志二す三せ四●
ろ──さ一志二す三せ四●
見め──さ一し二す三せ四

志ろしめすといひて志らしめすといはず、天の下志らすといひて天の下志ろすといはず、おのづから用法にたがひめあり、志らすハ敬ひていふ心也、かたへより見ていふこゝろ也、志ろすハ身にうけいれて志り給ふをいふなり、めすハわかものとして見ておはしますをいふなり、この葦原の水穂の國におひ出るものハ人をはしめ草木金石なにゝても志ろしめせ御心のまゝに志たまへとことよさしたまへるなり、

食ことをもめすといふにより食とかきてあれど見の字のかたにこゝろうべし、食も召も見すうちの一ツなり

事依奉岐　ことよさしハよせさづけ給ふことをのたまへる也、ことは天津宮事といふ心なり、よさしハまかせ給ふ心也、天津宮事をもてよさし給ふ也、

次に天津宮事をもてとわるにてあるへし、

よ——さ●すせ●
●●るれ●
さあすせ●

よせよするはその人につけまかする也、よさすは敬ひていふ也、

如此《かく》依《よさし》志《し》奉《まつり》志《し》國中《くになか》爾《に》荒振《あらふる》神等《かみたち》乎《を》波《ば》神問《かむとは》志《し》爾《に》問《とは》志《し》賜《たまひ》神《かむ》掃《はらひ》爾《に》掃《はらひ》賜《たま》比《ひ》氐《て》語問《ことゝひ》志《し》磐根《いはね》樹立《きねのたち》草之《くさの》垣葉《かきは》乎《を》毛《も》語止《ことやめ》氐《て》天磐座《あめのいはくら》放《はなち》天之《あめの》八重雲《やへくも》乎《を》伊頭《いづ》乃《の》千別《ちわき》爾《に》千別《ちわき》氐《て》天降《あまくたし》依左《よさ》志奉《しまつり》支《き》　右二段

初段には天上のことをかたり、二段には地上のことをいへり、神問しに

問し給ひ神掃《ヒ》に掃ひ給ふれ、神集へにつとへ給ひ神議にはかり給へる對にてありけり、天上地下と對してのことはを對として安國と平けくとあるに磐根樹立草のかきはをも語止てを對し、豐葦原に天の磐座を對して、事よさし奉きと天降し依し奉きとを對してみるべし、かくのごとく對して見ればことにそのあおはひふかくなん、

如此依志奉志國中爾

前段の末によさし奉きとあるきは過去をかたることば也、きといひてきり、しといひてづゞくるは詞の格也、これによりよさしまつりきといひきりて、その詞をすぐに、そのつぎのいひたてしとするによりて、かくよさしまつりしとしにうつして國中といふことばへつゞけたるもの也、此文章やがて連環の章法句法字法といふべきもの也、章法にして句法なり、句法にし字法也、よくそのくさりに心をつけてみるべし

國中とあるを後釋後々釋にくぬちとよみかへたるは中々にわろし、國中《クニナカ》にて國のうちといふことにきこゆる也、しひてくぬちとよむにはよばぬこと

也、なかといふに三ツのこゝろあり、內といふこゝろにきこゆるはその三ツのうちの一ツなり

荒振神等

あらぶるはあらびあらぶると活くことばなり、

あら ●び二 ●ぶ三 ●●

●●るれ●

荒 さし●●●

かきくけ●

ラリルレ●

荒振神等乎波、八百萬神の對也、緯星にありて皇命にまたがはざる神をすべてあらぶる神といふ也、神代紀一書云天有惡神名曰天津甕星亦名天香々背男請先誅此神然而後下撥葦原中國とあるにてその心をさとるべし、その惡神を舊くアラブル神とよみてあり、皇命にまたがはざる神也、天津甕星は金星也、金星もまた一ツの地球にてそれをつかさどり給ふ神おはしますなり、天香々背男は天稚彥の父天津國魂神ならんと思ふよしは古傳通解にい

ふべし、

その子天稚彦誅せられて後はいよ〳〵皇命に背き降臨のさまたけせんと荒びてこそありけめ、

金星も緯星の一ッなり、地球もまた緯星のひとつ也、此時香々背男もはらひにはらはれて恒星天にやゆきたりけん、そのあとへ天菩比命より給ひけんかし、

此とき五男のうち三神も火木土の三星へよりたまひけんとおもふ也、

水星は天尾羽張神天安河の水を逆にせきあけておはします一世界とおほゆるなり、

地球上にて皇命にしたかはざりし神はみな荒ふる神にてありし也、抑神代に五運あり、別天五神を初運とし、神世七代を二運とし、天照大神を第三運とし、須佐之男尊より大國主神までを第四運とし、天孫降臨を第五運とす、

これわか臆度《オシハカリ》にあらず、古書古歌にいひわけよみわけてあることなり、

大國主命もはじめは荒振神にてありしを後にはよき神となり給へる也、そ

れまて地球上の神、天地に眞主おはしますことをしらず、力にまかせ智にまかせ、弱をおどし強をすかしなど、道にしたかふ神すくなかりし運にてありし也、これを金運のときとす、

須佐之男命ハ日本にてハ金運の神にておはしましけるを唐土へわたり給ひてハ木運の神とあらたまり、大國主神もまた土德の神となりて唐土へわたりたまへり、

あれあると活く詞に二ツのこゝろあり、皇命にしたかふとしたがはざると也、道理によくしたがふとしたがはざるとなり、よくしたがふをいへる例ハ大宮つかへあれつげや、又齋女を阿禮乎止賣といへるたぐひこれ也、皇命にしたがはざるは黃泉國より荒ひうとひくるものといへるたぐひこれなり、くなとのりたまへる界をこえてくるなれば皇命にしたかはさるもの也、大國主神もはしめしたがひ給はざりしなり、奉仕《アレ》の心なくして暴《アレ》の心おはしけるなり、つひに天地の眞主をしり給ひ暴《アレ》の心をあらためて奉仕《アレ》の心になりたまへる也、此時はいまだ奉仕の心おこりたまはざりしをりなれば大國

主命もあらぶる神のうちにておはしましけるものなり、後釋の說はその荒振神のうちに大國主神をもこめて見られたり、さるを後々釋にしかみるはわろしといひて神賀詞を引證したれど、それは大國主神の功績をむねとしていふことばなればこゝの引證にはなりがたし、すべて高尙の見たる眼は宣長翁よりいたくたりてあり、祝詞考と後釋と後々釋とをくらべみるにその眼は祝詞考中にすぐれてあり、後釋は考證つよきによりてたしか也、後々釋は弱々としたるときかたにていたくおとりたり、萬葉集に、

あ——●●る三れ四●

生又奉仕又廢——●●るれ●

あ——ら一り二る三れ四●

有

世の中に生《ア》れいでゝ長く有《ア》る家はよく道に從ひ本にしたかひ皇命にしたかふ故也、奉仕《アレ》のこゝろをうしなはざれは長く有る也、家にありては父母に

奉仕《アレ》、夫に奉仕《アレ》、いでゝハ主人によく、奉仕《アレ》、道理に奉仕《アレ》ておのがまゝをせざれば廢《ア》るゝことなし、叛《アル》るによりて有ことをえず廢《ア》るゝ也、家を廢し身を廢すこと、みな奉仕《アレ》の心なき故也、あなかしこ、

あら——●びぶ●●
　　　　　●●るれ●
叛

あらぶるは道にそむき皇命にそむくをいふ、すべて人にそむきてしたがはず、おのがおもふまゝにするをいふこと也、

神問志爾問志賜 は神議に議り給ひの對也、問しに問すはゆきとゞきて問たまふをいふ、大國主神にとひ、事代主神に問、建御名方神にとひ、末のすゑまで問きはめ給へるを、問しに問しといへるもの也、さてその建御名方神は掃ひたまはず、諏訪に潜ましめ給へるは、後にゆるしてつかひ給はんためにてありし也、

三五後案を見てしるべし、

神掃爾掃賜 ハ神集に集賜ひの對也、こは恒星天へおひはらひたまへるも

のなるへし彗《スヰ》孛の二星などそのおひはらはれしうちの神なるべし、又思ふに彗孛の二星に荒振神をのせておひはらひ給へるにてもあるべし、おひはられてかの二星恒星天をこゝかしこにげめぐり、又この緯星天へもめぐりくれど又やらはれて恒星天へゆくものなるべし、これによりこの二星みゆるときは水兵災ありなどいひて世にはこれをいみきらふなるべし、志か見るときはゝき星のわけまでわかるやう也、

語問志磐根樹立草之垣葉乎毛語止氏

この文字眞《マコト》に奇妙なり、此一句にて天地の革まりしありさま見るが如し、語問しのしは過去をかたる言なり、この時まで人ならぬもののみなものをいひしと也、祝詞考にものいふことを古へはこととゝふといへりとあるはよろし、大殿祭に磐根木根乃立と乃の字あるによりて思へはいはねきねのたちとよむべくなん、いはねきねは對語にて磐根樹根のたち樹草の垣葉もといふべきを樹の字をひとつ省きたるものなるべし、

書落したるにてもあるべし又れもふに草のかきはをもといへるにて

木の短葉をおもはせ、かゝぬ葉までもおもはせたる文章にて、書落したるものにはあらざるべし、

磐根のたち木根のたちは蘗《ヒコハエ》のことにて磐よりは磐のひこはえたち、木根よりも木のひこはえたつもの也、

おのれかもてる水晶に

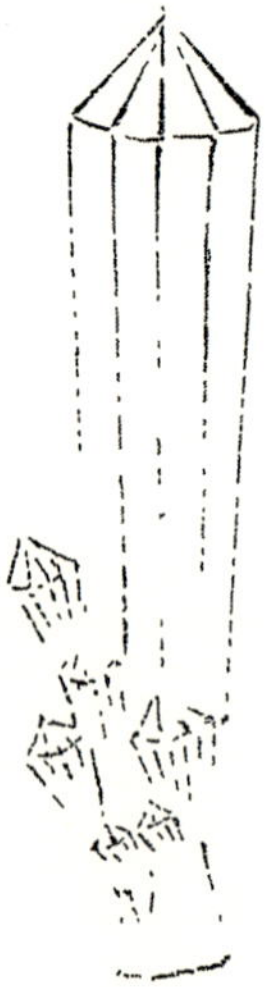

をもてり

如此磐根のたちこれにてさとるべし

草の短葉くさの葉をかきたるなり、

人爲
か
か一 き二 く三 け四 ●

天然
● ● く三 け四 ●
● ● る れ ●

草のはのさきのかたをすこしかぎたるをいふ也

朝野群載にハ草乃破葉とかけり

やきやけさきさけのたぐひすべてそこなひはなすこゝろのことばに人爲を一二三四にていひ天然を三四にていふものなりかき葉は人爲のかたにて人のかきとりたる葉をいふなりかきはをもことやめてといふ文章にもしろし、これまでハちりはこりに至るまでかたちあるものは何にても悉くものいひたりしものなるをそれをあらためていはしめず、言靈をハ人にのこし給へる世の中の革命のありさまを語止てといふ詞にてしらせたるは奇文也、名文なり、この一言にて是より前のよの中とこれより後のよの中といたくたがへることと見るが如しげに大國主神の御世にハ蝦《カヘル》も兎《ウサギ》も鼠《ネヅミ》もものをいひかゞしもものをいへり久延毘古までもものいひしときハさわがしきことにてありけん、

或人問ていふ口なしにしてものをいへることいかが、隆正答ていはく、孔あればれとをいだす、萬物に氣孔あらぬものなし、笛はその氣孔の大きなるもの也、口もまたしかり、蟬又その外こゑを出す虫ハ背に穴あり

ていだす也、露をすふ口となく口とは別なり、萬物のものいひしは、氣孔よりおとを發《オコ》したるもの也何にかぎらず、うてはおとを出すは、氣孔に氣を含みてせまりてれとをいたすもの也、貴人のまへにてはものをいはねでとく萬物みなうたねばおとをいたさねどそのかみはうたれずしてみづかられとをおこしものをいひしものになむ

言靈《コトダマ》はこの時人にのこり、術魂《ハケダマ》はこのとき狐狸にのこりたり、それまでは人にも術魂《ハケダマ》ありて、氣をたちまち質と見せ質をたちまち氣となすたぐひのことをなしたるもの也空中をも氣になりて往來し、又質をあらはし質をかへてあらはしなどゐたるものなるをさるわざは人より賤しき狐狸に殘して、人にはのこし給はざりしもの也、狐狸ばかりにあらず、鳥獸虫魚みな術魂あり、狐狸はなかにすぐれてその術、にたけたるもの也、このことはいはずして語止てにてきかせたるもの也、

かくまで意をこめたるものにはあらじとたれもおもふめり、おのれはこの語止てといふ詞によりて、術魂を鳥獸にのこして、人には殘し給は

ざりしことをさとりしによりこゝにこのことをいふ也、さとる人には
さとらすべく、書《ガ》れたる名文とおのれは、ふかく信じてあるなり、
掃ひ賜ひてのてのてれ語止てのてと共に依さし奉りきへかゝる文意なり、掃賜ひてよさし給ひきことやめてよさし給ひきとふたかたをひとつにてうけとぢむる文格也

天之磐坐放

は古事記に離天之石位押分天之八重多那雲而伊都能知和岐爾知和岐弖とあると同文なり、古事記には八重たな雲とあるを此文には八重雲とありその八重棚雲といふを此の文には八重雲とありそれはどのたがひめなり、さてその八重棚雲といふは空虚の氣中に際《キハ》々《ギハ》のかぎりもなく

タ　ナ
タ　ナ
タ　ナ
タ　ナ
タ　ナ

たはくあるをいへる也、眼《メ》には見えねども空中の棚はかくのごとくしげくあるもの也、いかにも棚をかきたる如く五百重とも千重ともいふべくまことは何億萬といふかずかぎりもなく重なりかゝりてあるものなり、

伊頭乃千別を、日本紀には稜威道別道別而天降之也とかゝれたり、いつは稜

威といふ文字のこゝろにかなひたるによりしか書かれしなり、かどのあるいきはひなり、かの棚をかくのごとくわけ降り給へるを、いつのちわきに千別てといへる也、道なき處へ道をつけてくだり給へるにて、たな雲ハよこにたなびきてあるをたてに降り給ふにより、伊頭乃千別爾千別きたまはざることをえず、これもまたわきにわくにてわきはしめてハわきをはりいたりとゞくまでをわきすうるこゝろ也、

天之磐坐放　といふ天の磐坐ハ、高天原の御座をいへるもの也、高天原ハ顯露世界にあらざれども、なにごとも顯露界にかはらずそなはりてあるなり、この地球も地の底ハ石なり、その石に人ハみなすひよせられてあるものなり、高天原もまたそのごとく幽界ながら地の底の如くかしこも又底ハ石にてあるなり、これに幽顯二途の見やうあり、顯境よりいへは高天原ハ天の岩倉といふべきもの也、岩の中にある世界なれば也、

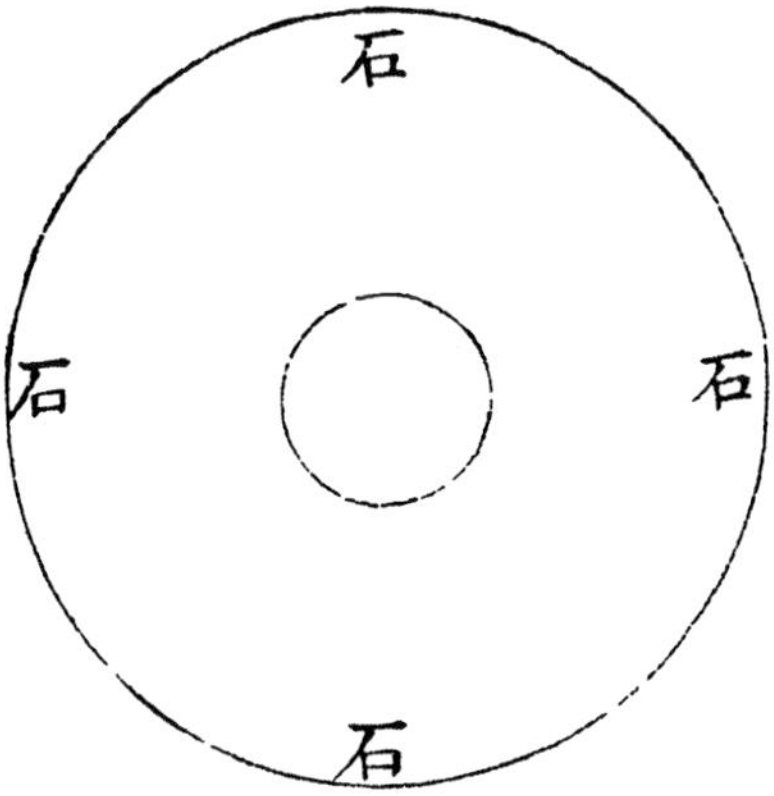

めぐりすべて石にして、その中につゝまれてあるなり、倉のなかに物を入おくがごときものなり、

幽境よりいへばその幽境も又地球にひとしく何こともそなはりてその底は石坐にてあるなり、地球の萬物は底の石倉にすひよせられてちらずしてあるものなり、たとへは地底の石は磁石のごときものなり、萬物みな金氣をふくみてあるにより磁氣にすはれてあるにより散《チリ》失《ウ》せざるもの也、これによりて反對を考へみれば、天石坐は琥珀氣のある處なるべし、その珀氣にすはれて神々は散失せずその幽界にすひよせられておはすなるべし、

此考あまりに高遠なれば信ずる人すくなからん、おのれは勾玉によりてこれをしれり、勾玉は天の八十の川原のかたしはをもて造れるものなるが天孫降臨のときもち降りたまへる地氣にふれてかたちをむすびたるものなり、おのれあめ色の勾玉にみとりの勾玉をもてり、これをすりてちりをすはせてみるにみとりのかた、かへりて珀氣つよくよくちりをすふなり、是によりて高天原の石坐は珀氣なることをしれり、琥珀と磁石とは反對のものにて磁石は重き鉄をすひ、琥珀は輕きちりをすふ、地球は磁氣つよき質あり、萬物鉄氣をふくみてあるにより是にすはれておちず、日輪ハ珀氣つよき質なり、これにより輕き形質の神をとゝめてひきよせをるものなり、磁石は南北をさす地球の南北極をさす理《コトハリ》をそなへたるものになん、西洋人理をきはめて、いまた磁石の鉄をすふ理を極めえず、いかで西洋人これをきはめうべき、皇國の人にあらざれハさとりがたき妙理也、これらの究理は西洋人のかけても及ふへからぬ天地の眞理にて、皇國にその大理をさとるべきはし〳〵のこりつたはれるはうれしきことになん、こはかねて珀氣磁氣は日と地との理をそなへてあらはれいでたるものとはおもひてありけれど、天の磐《イハ》座《クラ》といふことをくはしく説くにいたりていよ〳〵そのまことを志りえたり、

天降依佐志奉支

天降はその琥珀質の高天原の石坐をはなち、磁石質のこの地球上へ天降し、その磁石質の地球をよさし給へりとのことと也、前段の事《コト》依《ヨサ》しは日本國のことにかぎり、此たびのよさしは地球上を悉くよさし給へることゝろなり、天磐座放とあるにて、地《クニ》の磐座《イハクラ》にすひよせられてある萬國萬物を悉くよさし給へる神議《カムハカリ》よく志らるゝものになん。

いかにも名文也、隆正か心にのみ志か思ふにやあらん、されどわが此神理説を信して、のち見ん人の目には、誰にも名文と見ゆへき也、またこの神理を信せざらん人のためには此の文さのみ名文にもあらざるを、隆正か牽强附會にしてとる處もなき愚説をもいふとおもふめれど、隆正はたゞ、隆正がおもひえたることをいふなり、

天都詔詞太詔詞考二終

天都詔詞太詔詞考三

大國隆正著
福羽美靜校

如《か》此久《く》依《よ》左《さ》志《し》奉《まつり》志《し》四《よ》方之《の》國《くに》中《なか》登《と》大《おほ》倭《やまと》日《ひ》高《たか》見《み》之《の》國《くに》乎《を》安《やす》國《くに》止《と》定《さため》奉《まつり》底《て》下《した》津《つ》磐《いは》根《ね》爾《に》宮《みや》柱《ばしら》太《ふと》敷《しき》立《たて》高《たか》天《まの》原《はら》爾《に》千《ち》木《ぎ》高《たか》知《しり》底《て》皇《すめ》御《み》孫《ま》之《の》命《こみと》乃《の》美《み》頭《つ》乃《の》御《み》舍《あらか》仕《つかへ》奉《まつり》底《て》天《あめ》之《の》御《み》蔭《かげ》日《ひ》之《の》御《み》蔭《かげ》止《と》隱《かくり》座《まし》底《て》安《やす》國《くに》止《と》平《たひら》氣《け》久《く》所《し》知《ろし》食《めさ》武《む》國《くに》中《なか》爾《に》成《なり》出《いて》武《む》天《あめ》之《の》益《ます》人《ひと》等《ら》我《が》過《あやまち》犯《おかし》家《け》牟《む》雜《くさ》々《〱の》罪《つみ》

事《ごと》波《は》天《あま》津《つ》罪《つみ》止《と》畔《あ》放《はなち》溝《みぞ》埋《うめ》樋《ひ》放《はなち》頻《しき》蒔《まき》串《くし》刺《さし》生《いき》剝《はぎ》逆《さか》剝《はぎ》屎《くそ》戸《べ》許《こ》々、太《だ》久《く》乃《の》罪《つみ》乎《を》天《あま》津《つ》罪《つみ》止《と》法《のり》別《わ》氣《け》弖《て》國《くに》津《つ》罪《つみ》止《と》八《は》生《いき》膚《はだ》斷《たち》死《しに》膚《はだ》斷《たち》白《しら》人《ひと》胡《こ》久《く》美《み》己《おのが》母《はゝ》犯《おかせる》罪《つみ》己《おのか》子《こ》犯《おかせる》罪《つみ》母《はゝ》與《と》子《こと》犯《おかせる》罪《つみ》子《こ》與《と》母《はゝと》犯《おかせる》罪《つみ》畜《けもの》犯《おかせる》罪《つみ》昆《はふ》虫《むし》乃《の》災《わざはひ》高《たか》津《つ》神《かみ》乃《の》災《わさはひ》高《たか》津《つ》鳥《とり》乃《の》災《わさけひ》畜《けもの》仆《たふ》志《し》蠱《まじ》物《もの》爲《せる》罪《つみ》許《こ》々、太《た》久《く》乃《の》罪《つみ》出《いで》武《む》

右三段

此段ハいと長き段なり、されども主とするところハ、たゞ國津罪をいださんためのことにて、天津罪まではそへことにひとしきもの也、されどもやむご

となき古傳なれば、たやすく見すぐすべからず、

如此依左志奉志四方之國中登

天降よさしまつりきをうけたる連環の文法也、よさしまつりし四方の國は地球上の萬國也、こゝに四方の國とあるにて初段は日本國をよさしたまへることをいひ、二段は萬國をよさし給へる心をのべたるものなることをさとるへし、西洋にては地球上を四ッにわけ、アジヤ、エウロッハ、アフリカ、アメリカといふ、その外にメカラニカ、新ヲランタなどいふ境あれども、大邦ならず、まつ古來の四州の説にしたがひてアメリカを南北にわくへきなり、天竺にては須彌の四州といふ南北東西にわけたるもの也、唐土にては唐土を中にして東夷南蠻北狄西戎といふ、外國の説はともかくも日本にては日本の帝都を中にして萬國を四方にわけていふへし、唐土の文字をかりて日本國よりいへは東海南蠻北狄西戎といふべき也、本居先生唐土をさして西戎とかゝれ、書をあらはして馭戎慨言と名つけられたるはまことにあたれり、この翁にあらずしてたれかかくのごとく大きなる名分を正さるべき、後釋のこゝの注に四方の國中は天の下四方の國

の中央なりととかれしは日本國中をさして天の下といはれし心か、又萬國をさして天の下といはれしか、その心さだかならねど、本文はいかにも萬國をさして四方の國といへるもの也、日本國にうまれて此詔詞をつねに聞ながらこの文章に心とめぬ人はかひなきわざ也、

今より後此道いよ〳〵あきらかに世にあらはれて日本國に天下の眞主おはしますことをしりて萬國こと〳〵く大將軍へ申て貢を入んとする運つひにはいで來べくなん、そは人の思ひもよらぬ神議あるべし、隆正か考ふるところは漢土まづまつろひて唐土にてとりつぎ、長崎へその貢ものを唐土よりおくりおこすなるべし、そは千年をも過《スギ》て後のことなるべし、

國中登のとは安國とといへるとの對格なり、此二ッのと定めたてまつりてといふ句にかゝる也、前段の文にての對よさしまつるにかゝれると同し文法なり、

◎前段のての字は

神掃爾掃賜比氏・
草之垣葉乎毛語止氏・
　依左志奉伎

千別爾千別氏・のて・は天くだりへかゝりて依左志へかゝらず、よく〳〵見わくべし、

此段のと・の字は

四方之國中登・
安國止・
　大倭日高見之國乎定奉氏のこゝろ也

四海萬邦の中央と定めまつりてといふこゝろ也、

大倭日高見國乎　日向の高千穂宮に二千五百年ばかりれはしましけるはどは此段を

如此久依左志奉志四方之國中登日向高千穂日高見之國乎安國止定奉

とこそよみたりけめ、

今の世にては

如此久依左志奉志四方之國中登山城平日高見之國乎安國止定奉氏とよ

むべきなり、
延喜式にのせられたるは大和に代々の朝廷《ミカド》都《ミヤコ》定めておはしましけるころとなへしそのまゝにあらためずのせられたるにより大倭日高見之國とある也、

【大倭】大やまとはもとつくし伊與にむかへて長門より陸奥までのくぬがつゝきをいへる大名なりしが、つひに伊與筑紫をもかぬることばとなりたる也、こゝはまた大倭のうちにて都を定めたまへる今の大和の國をいへるものなり、

或人とがめていはく、そこの説はとにかくに今までの説をたがへて異なることをいひてよろこばるゝさまなり、此大倭の説などはことにしひごとゝおもふ也、舊説のごとく今の大和よりおこりて日本國の大名となれりと見るかたやすらかなるべし、隆正答ていはく、今までの説は大かた古傳をたがへてさもありぬべくときたるもの也、隆正はまた古傳と今の天地とにしたがひてとくにより今までの人のいひおけると

は異なる事のみいふにそありける、わがことなるにあらずこれまでの説の古傳と異なる也、いでそのよしをとかん、古事記に大倭豐秋津島をうむとあるハ伊與筑紫にむかへてこなたの國つゞきをいへるものなり、さるを是迄の説ハ大倭といふも秋津島といふも今も大和にある地名にてそれがひろがりたるものなれば大倭豐秋津島ハもとよりの名にあらずといへり、人はみなその説をうべなへど隆正ハうべなはず、すべて地名に大名のちゞまりて小名となりたるもあり、小名のひろごりて大名となりたるもあり、これは大名のちゞまりて小名となりたるもの也、武藏野など武藏にあるによりむさしの也、是ハ大名のちゞまりたるかたなり、神武天皇筑紫より大和へうつり給へるによりかしはらのあたりを倭《ヤマト》といへるにてこれハ大名のちゝまりたるものになん、しか見れば古傳を古傳とたてゝとかるゝ也、あながちに小名よりひろかりて大名となりたるものとくによりかの古事記の古文をうたがひてしひごとする也、おのれハ古傳にしたがひて説をなすにより是までの説にたがふ也、又中には古傳にもたがはぬこととあり、かの十七萬何千といふ年數にもたがはぬたぐひ也、是は後人の加筆いちぢるきものなればなり、かの大倭豊秋津島をうむなどは後人の加筆にあらず、

日高見乃國平

日高見の國とは日高の見《メシ》給ふ國といふ意なり、日高とは大君の別號にてその日高の今すみ給ふ處を日高見の國といふ、これも帝都《ミヤコ》の別號也、しかるに景行天皇御紀に東夷之中有日高見國とあるはいかにといふにこれは日高のすみたまふべき佳地《ヨキトコロ》といふことなり、同紀に從上總轉陸奥云々蝦夷既平自日高見國還西南歷常陸至甲斐、また式に陸奥國桃生郡日高見神社など祝詞考に引出で、あるはいかにといふに是日本武尊のしばしその處にましましけるにより日高見の國といへる也、考後釋等の説はうけがたし

海宮臨幸の段に彦火々出見尊をさして天津日高之御子虚空津日高矣《ニマセリ》とあるを見れば、そのかみ瓊瓊杵尊の天津日よりくだり給へるを此國の人たゝへて天津日貴《ヒダカ》といひけん、その天津日よりくだり給へる天津

日貴の御子なるにより彦火火出見尊を虚空津日高とは申せるなり、そらとはわが居る處の天をいふことばなるにより正午の日影を虚空《ソラ》津《ツ》日《ヒ》といひ、あのそらつ日の世界より降りたまへる神の御子といふこゝろにて虚空《ソラ》津《ツ》日《ヒ》貴《ダカ》といひけんかし、又正午の日影のごとく四方を照臨したまふこゝろも有べし、これにより別號として日高のましますところを日高見の國といへるもの也、皇子皇孫をも大君といふごとく皇子をもまた日高といへれは皇子のしばしまし〳〵ける處をも日高見の國といへるものになん、

安國止定奉氏

これは前段に安國と平けくしろしめせと詔給へることとはをうけてこの都を安國と定めてといふこと也、四方の國中と安國とを合せてみれは四方之國中といふにたひらけくといふ心あり、

史記五帝本紀顓頊の處に動靜之物大小之神日月所照莫不砥屬といへるはよく安國と平らけくといふことばにかなへり、顓頊は阿遲鉏高日子根神の御子多岐都日子神にてましますなり、そのことは三五後案に

いひおけり、

下津磐根爾 地の底ハ磁石質の磐根なり、磁石に鉄粉のすはるゝ如く萬物みな下津磐根に吸はれてあるものなるによりかくの如くいへるなり、古事紀に見えたる石土毘古、石巣比賣神も、石吸《イハス》父《チ》彦《ヒコ》、石吸女と解きて下津磐根の神と定むへし、

宮柱太敷立 室《ムロ》壽《ホギ》にも柱ハ太く高くといへるごとく柱ハ太きを尊ぶなり、敷ハ間近く立つるをいふ、太き柱を間遠くせす間近く立ならへたるハかりそめのいほりのたくひにあらす、

高天原爾千木高知氐 高天原ハ神祖《カムロギ》皇祖《スメロギ》の本靈《モトツミタマ》のましますところ也、それ日輪中の幽界也、その日輪外邊に數千與の洞穴あり、それみな石門《イハト》にして開《アケ》閉《タテ》あり、この下のことばに天津神ハ天之磐戸を押開きとあるこれなり、しかして天之八重棚雲を伊頭の千別に千別て見れろし給ふとき、千木の高きハまづその御眼につき給ふべければ高天原に千木高知てといへるもの也、しるハしらるゝ心なり、それハ源氏物語に人にみらるゝことを人に見えてとい

へるたぐひの讀法なり、古事記に下津磐根に宮柱太知とあるも宮柱の太きことを下津磐根しらるゝこゝろ也、

しか見されは下津磐根爾・高天原爾・の二ッの爾・おたやかならず、かく見れはこの二ッの爾・よくわかるなり、祈年祭のみかのへ高知も高く人にしらるゝ心也、

これは大宮つくりをたゝへいふ古の定りことば也、かゝる定り言《コトバ》の心をよくとき得る時は神道の旨おのつからよくわかる物なり、おろそかに見過すべからず、天地の起原を極めて古言をとけばいとよくわかるを、天地をしらずしてときてはわかるものにあらず、これにより今までこれらの古言をうまく解きえたる人はあらざりしなり、

千木《チギ》ひきともいふ通はしていふ詞なり鈴屋翁の説に氷《ヒ》本《ギ》千《チ》木《ギ》共に肱《ヒヂ》木《ギ》にて比《ヒ》知《ヂ》の上を省けると下を省けるとの差《タガヒ》のみなれば通はしていふなり凡て物の形のかくの如くなるを比《ヒ》知《ヂ》といふ手の肱《ヒヂ》も此意もて名けたり又肱金肱折なども同し此氷木といふ物は上代

の家造りに屋の左右の端に有りて其本は前へ後への軒よりして上《ノボ》りて棟にて行合ふを組違へて其末を長く上へ出したる物にして其棟より上へ高く出たる處を氷木とはいふなり比はもと布理《フリ》の切《ツヾマ》りたるにて斜《ナヽメ》に左右へ末の分れたるを云言なり振分髮と云も頭上より左右へ分れたるをもて云なり伊勢ノ神宮にて千木を掞《ソダ》に内外の差《ケヂメ》あるなどは内宮外宮のさまをかへたるのみにて何の意もなき事なりといへる是なり正養誌

皇御孫命乃美頭乃御舍仕奉氏

後釋に云祈年祭詞には御舍平とあるこゝもその心也、但しこゝには平の字なければ平とはよむへからず、平を省きていふも常なりとあるは眞《マコト》にさることとなり、此釋この翁ならではと、めでおもふなり、普通の人は美頭乃御舍に仕奉る事と見るべきを御舍を造り奉ることに見られしは豪傑の活眼也といふへきもの也、こゝは天の益人らが功業をまづいひゐらせ給ふところなれば御舍を造りたてまつりしその功業をいはではかなはぬところなり、美頭はみづ〳〵しく新らしきをいふ也、おらかは在たまふ處をいふ心なり、その御靈の高天原にかへりたまはてこの世にあり給ふ間在給ふところをみあらかといふ也、古へは一御代々々に御舍を造りかへて奉つりしによりいつもみつ〳〵しく新らしくありければ美頭の御舍をつかへまつりてといへるもの也、天の益人らが功業をあらはさんにはげにこのことより上はあらじ、天皇の御舍を造りて奉らんとするには公卿たちはその本をとり末をおほせて仕へ奉り、そまは山へ入りて木をきることに仕へ奉り、石工《イシタクミ》は石すゑをきりいだし、田人はその人々のくふべき田はたの物を作り、すなどりはその人々のさかないひのあはせになるものをすなどり、木工《コタクミ》はいふまでもなくかべぬり、たゝみさし、すべての民おほかた是につかへまつらぬものはあらぬなり、是をもて天益人らが功業をのべ給へるはまことにさることとなり、

天之御蔭日之御蔭止隱坐氏

天の御蔭は夜、日之御蔭は晝にてこれは晝夜をわけたることばなり、これもまた今の天地をてらさる人にはわかりがたからん、天地《アメツチ》のあめは夜氣をむねとしていふことば也、晝のほどの蒸發氣夜

は夜氣となりてくだるをあめといふ、雨はときありてふるもの也、天《アイ》は夜ことにふるものなり、秋は露とおき、冬は霜となりてくだるもの也、露は下よりものぼり上よりもくだるものなり、朝露は下よりのぼれども夕露は上よりおくもの也、雨も天ももと浴《アム》といふことばよりいてゝ水氣の地よりのぼりて地へくだり地をうるほすものなれども人これにあたればやむによりそれにあたらじと家をつくりその内に隱りて夜をすぐすものなり、これを天之御蔭といふ、日はまた此地をてらして地の火氣をおこすものなり、これにより草木蟲魚等はいでくるものなれども人はまたそれにつよくあたればやむによりて家を造りてその内にかくりて日をすぐすものなり、是を日之御蔭といふ、天之御蔭に雨をかね、日の御蔭に風をかねてこゝろうべし、それらにあたらじと家を造りて人はすむもの也、皇御孫之命の御舍《アラカ》もその心はおなじかりけり、たゞたかくとひろくいかめしく造りて奉るをそのうちに隱りて風天雨日をしのぎ給ふなり、蔭は夜氣のいたらざる處、日光のいたらざる處をいふなり、その美頭乃御舍を天の御蔭日の御蔭としていふ心なり、蔭といふに二ッありその光りの及ふ處をいひ、またその光りの及ばぬところをもいふ也、これらのことばハ言神緯に解を見てしるへし、

安國止平氣久所知食武國中爾

やすくにとたひらけくしろしめせとのまへることはをこゝにてむすびたるなり、

成出武天之益人等我

天の益人ハ日本國の人民の日毎にましゆくをいへるなり、祝詞考にひかれし千五百產屋ハ天地のいてきはしめ人のいてきはじめの說にて今ハそのわり合にてはあらねど益ことハましゆくもの也、天のといへるハ日本國のといふことなり、日本國をさして天といひ外國をさして國といへる古言あり、天津神のくだりておはしましける瓊々杵尊の御世にハもはら此國を天といひしものにてありし也、されバそのころのことばのこれるにて天之益人ハ日本國の諸人をいふ古言なり、

さてこれまでの文段をよくわけてしるすべし、

安國止定奉氏・
千木高知氏・
――安國止平氣久所知食牟

美頭乃御舍仕奉氏
隱坐氏

かくのことくつゝけてみるへしなはこまかにいへば、

安國止定奉氏
千木高知氏
美頭乃御舍仕奉氏
隱坐氏
安國止平氣久所知食牟

かくのことくつゞけて見るべし、

安國と平らけく所知食れ、天津神の御心なり、その大業を成就せしめ奉るハ天の益人等か功業なり、みつの御舍をつくり奉るハその大業の基をたすけたてまつるわさにていさゝかの罪咎ハその功業に對して神もゆるし給ふるなべし、こゝにあけられし罪咎ハ祓へッものに命をさし出すべきはどの罪咎もまじりてあれどかのみあらかに仕奉し功業をはめたまひその子孫なれハ今ハみあらかにつかへまつらでも日本國の人をばことさらに惠みあはれみ給ふによりはらへつものをいたし慚愧後悔すればこれにあげらし罪科ハゆるし給ふよしなり、されどなほ命をいださでハつぐのひがたき罪科もある也その罪咎を説ところにていふべし、

成り出武ハ人と成りいでんといふこゝろなり、

過犯家牟　過家牟犯家牟といふこゝろなり、おかすハ垣をやぶる心なり、あやまつハこゝろえをたがふることなり、

雜々罪事波　雜々ハ一くさ二くさとわけて又それを一ッにしていふこゝろ也、罪事とハ身につみてあるつみでと也、

天津罪止　下にまた天津罪と法別氣豆とあれバ衍文に似たり、たすけていへバ儀式帳に天津罪と始まりし罪ハとあるにつきて天津罪とはじまりし罪といふこゝろにてこゝに天津罪といへるにてもあるべし、後釋のごとく天津罪とての心に見ては文つたなくてこの名文にうちあはず、此四字をぬきてみれば文章よくとほる也、國津罪とハとあるにひかれてその對に後人の加へたるものにやあらん、されど古文なれば容易くぬきさしはならぬな

り、たしかに此ことはなき古本なとを見えたらんときぬきとるべし、人智は限りあり、神智はかぎりなきものなれば隆正がとくところハ人智なればよりがたく神智にまかせてまづそのまゝにさしおくべし、去かハおもへど此文はいかにも後人のあやまり加へたるものとおぼゆるなり、

畔放 考にあハせの略なりとあるハたがへり、後釋に畔《ア》背《セ》のこゝろといへるもわろし、あハあせの本語なり、一すちなるをあといひ、竪に横にまじりたるをあせといといふ也、されば順集に苗代水にぬれてつくるあ躬恒集に苗代のあをたにいまだつくらざりけりなどよみてあり、こゝは苗代の畔《ア》をはなつことをいへるなり、されば神代紀に春則毀《アハ》畔《ナチ》とあり、

溝埋 考にうめはうづめの略なりとあるは疎説也、うめうむるうつめうつむる語格も語意も同しからず、うめうむるはくぼめる處に土を入てたひらかにする也、うづめうづむるは地の中へとむることにておなし言葉にあらず、おはなつのうらにて、是ハみぞをうめて水の通ひをとゝむる也、おはなつ

は水をちらすなり、

【樋放】あはなちとひとしく是も水をちらしすつる也、あはなちは苗代のみつをちらしておひ立《ダ》しめざる也、これは五月のうゑつけを春のうちよりさまたげ、おく心なり、

【頻蒔】人の種をまきておける苗代へまた蒔てさまたぐるなり、稲の苗代へひえなどをまきこみしなるへし、さてこの四ッは春のことなり、

【串刺】これは前の四ッにむかへて秋をいへるなり、神代紀に秋則揷《サシ》籤《クシ》伏馬云々とあり、考に串を多くかくしさして下におりがたからしむるなりとある説よろし、

【生剝逆剝】考に古事記に穿《テ》其服屋《ハタヤ》之頂《ムネチ》逆剝《ニ》天《ノ》斑馬《ヲ》剝《キテ》而所墮《オトシ》入とあるこれ也、逆剝も一ッことなるを文の勢ひにてかさねいへる也、生剝の逆剝と心得て疑ひあらじ、後釋云逆剝とはすべて獸の皮をはくは尻のかたよりさかさまに頭のかたへ剝もてゆく故にいふなり、

【屎戸】眞淵翁はくそどとよまれて屎處のこゝろとせられ、宣長翁はくそべ

とよまれて、くそへりの心とゝかれたり、へりいひりいだすこゝろといはれたり、隆正考。に宣長翁のごとくくそべとよみて竈《へ》をけがしたることに見るべし屎は厠にあるものなり、それを家の内にちらせは竈をけがす也、これは古事記に於下聞二看《シス》大嘗殿《ミアラカ》上屎《クソ》麻《マ》理《リ》散《チラシ》とあるにて竈《へ》をけがす罪なることをさとるべし、

許々太久乃罪乎

許々太久は濃《コ》々長《タク》にてすなはち上にあげたる七ッの罪をいへるもの也、此たぐひの罪と見るはわろし、さてこれはみな進雄命の天上にておかし給へる罪也、これをこゝへあげたるいはらへのたてりをかたるにて今地上にかくのごとき罪ありといふにはあらず、

天津罪止法別氏

法別てはいひわけてといふこゝろなり、天津罪とのりわけてこれをさしおく心也、天之益人らにこれらの罪はまづいあらぬことなり、もしありたらんには是も祓へつ物をいたしてはらふべし、是は今かゝる罪ありといふにはあらず祓への徳を人にゐらしめんとて古事を引て祓ふたびことにいふ也、須佐之男命は手足の爪まではらへ給へるよりこれらの

天津罪みななくなりてよき神となり給へり、されハはらへの德ハ廣大なり、先非を後悔してこれをあらため、祓つものをいだして是をつぐのへば罪咎穢のあらぬ身になるものぞといふさとしごとなり、

これまでの解にてはのりわけていふことにかなはず、

國津罪止波 是よりはらへつものを出してはらへはのぞこり清まる罪條をいへるなり、

はらへつ物をいたしても清まりがたき罪條ハあげられず

生膚斷死膚斷 生膚斷ハ人を殺すことにハあらず、人をころしたるものハれほやけよりめしとり給ひてその人の命を祓ッ物にいださしめ給ふさだまりなればこのはらへにてハとヾかずされはこれにハいはざる也、是ハ人に疵をつけみづからもわが身にきづをつけたる罪をいふ也、死膚斷ハ死にたる人の屍を又たちきる罪なり、

今刀の身のきれおぢをためすことあり、又くすしの内臟を見んとて死膚斷ことあり、これらハ此死膚斷の罪におたれり、志かれどもこれらハ

その職にゐてその職のためにすることなれハ人とあらそひいかりにくみてするわざならねば神もゆるし給ふなるべし、されども穢ハひとしくけがれなればしたるあとにて廿日つゝしみ、祓物のこゝろにて貧民に米錢等をあたへて此罪咎をあがなひたくべし、かくいふをめゝしく佛めきたりと聞なす人もあるべけれどしからず、神敎にしたがひていふ也、唐土とたがひてわが國ハ人命ハいふまでもなく、人身を殊の外に大切にする國なれば生膚斷死膚斷ことをゝもきことにする也、牛馬すらその肉を常食としてくらはす、牛馬ハ人に近く人の勞をたすくるものなれバなり、我國の仁域なることこれをもてしるべし、まして人として同くかたちの人身をそこなひてよからめや、仁域なるによりて生膚斷死膚斷をいみじき罪にすること也、あながちそのむくいをおそるゝにあらず、よく此處《トコロ》をわきまへて不仁のわざをなすべからす、公けわざにてなすとも、はらへハすべきことになん、もろこしにても孝經に身体髪膚稟諸父母不敢《ルハ》毀傷孝之始也とあるにあらずや、わが身に疵をつくるハ不孝なるになぞらへて、他人にきつをつけて不孝の子たらしむるハ不仁なることをしるべし、仁域にうまれてさるわざハすまじきこと也、今までに人の身にきずをつけ、死膚断なとしたらんものハはやくはらへをなし、米錢を貧民にあたへなどして祓ヘッ物のこゝろをあらはして神につげ奉るべし、

生膚断死膚断といへどたちきることハあらず、いさゝかの疵をつくるも膚をたつわざ也、たつとハ通ハさらしむるなり、一寸きれハ一寸のかよひとまる是を断といふ也、これになずらへて人のさまたげになり、人のためにあらぬことをしたらんにもはらへをしてその罪をかろめおくべし、

白人胡久美 和名抄白癜之良波太瘜肉古久美とある是なり、惡疾のうちこの二ッをあげてはかの惡疾をはぶきたり、惡疾の祓に三ッのこゝろえあるべしいまだやまざるうちにはらふと、惡疾のおこらんとするはじめにはらふと、惡疾をやみてのちはらふとこれ也、疾と災とは外來なり、殘害と淫亂と蠱害とは内發なり、外來といへどもなは内よりまねくものなれば眞のはら

へのむねに通したらん人はこれらの病災をまねく本をたつべきなり、その心得は許々太久のいでんといふの條下にいたりて合せてくはしく是を論ずへし、

おのれはじめは白人胡久美を犯す罪ならんとおもひてしかとけることもありしかど今おもへばあしかりけり、今の世に祓をせんこゝろえは古へとことなり、いまは大祓といふこともなく、すべてはらへのわざたえてあれば、神主をたのみてそのまねびをさせ、米錢を貧民にはどこして祓物となすべき也、

白癩は人面及身頸皮肉色變ル白云々者也之良波多《シラハタ》とある類なり其外世に白子《シロコ》といふものなどのたぐひをいふべし癋《ハ》寄肉也阿萬之《アマシ》之一名古久美と有贅肉《アマリニク》也正養誣

巳母犯罪巳子犯罪

これは畜生のしわざなり、是に准へて畜生心ハみなはらへをしてのぞくものなることをさとるべしこの罪公儀《オホヤケ》よりとかめ給はんとしても、内々のことにてわかりがたき犯罪なれは、みつからその非をさ

とりて祓《ハラヘ》をし祓物《ハラヘツモノ》を出して、いまより後をつゝしむへき也、是はまことの母子の中にてはあるへからぬことなれども、養父養母養子聟嫁の間にては下賤のものゝ中にはさるわざもあるべし、いみじき罪なることをしりてさるわざしたるものは、先非を悔はらへをし、祓物をいたして罪をかろめおくべきことなり、これにて兄弟あひれかすも同罪なることをしるべし、是もまことの兄弟には絶てなきことなれど養子兄弟などにはあることなり、是もまたさるわさしたるものは一時も早く先非をくいてこれをやめ、祓へをして物を人にほどこし、罪を軽くなすべきなり、

母與子犯罪 これはむすめある女をわか妻にしてその養娘をおかすをいふ、これも下賤の中にはまれにあることなり、はやく先非をくいてはらへつものをいたすべし、

子與母犯罪 これはわが妻の母をおかす罪なり、これもまた下劣の中にはあることなり、よくはらへをして此罪をもまたかろめおくへきことになん、

畜犯罪 牛馬鶏犬のたぐひかひおくけものをおかす罪なり、これもまた下

賤の中にハあることとなり、これまでの七ッは淫慾のさかりにおこりてたへがたきとき、かくのごとくみだりなることをするをいひて、その非をくい祓へをせよとのことなり、

これに他人の妻を犯す罪をいはぬハいかにといふに、他人の妻妾をおかすハかの人をころし盗をするとおなしたぐひにて顯非の悪事なればバ公より命を祓物にとり給ふほどの大罪なれば此中にハ加へざるなり本學に心さすものハ、つゝしみて人の妻に貞操を失なハしむべからず、これまでにさるわざしたるものハ、愼みて先非をくい、はらへつものをいだしてその罪をかろむへし、

昆虫乃災

是より以下三ッの災も、また悪疾とひとしく外來のことなれど未前に祓へしてふせぎ、その端見えたらんには、早くはらへをして是をしりぞけ、すでに、其災にかゝりたらんにハ、いよ〳〵祓のわざをつとめてこれを防ぐべし、昆虫の害さま〴〵なるべし、わが田畑の作物に虫のつくも昆虫の災なり、蛇などにみいれらるゝも昆虫のわざはひ也、もろこしには蠶蠱とい

ふ虫の災ひあり、この國にても常世《トコヨ》の神といひて、これを祭れることありきなほ下にいふべし、

高津神乃災

かたちをかくして災をなすものみな高津神なるべし、さらば狐狸をも高津神のうちにかぞふべし、地の引力をはなれて災をなすより高津神といふならん、さらば人の死靈などみな高津神にてありぬべし、ものゝ祟りの物語をきくに大かた窓より入、軒よりいり、高まどよりいるなどいふ、地をすりてハこぬものなり、地をはなれて空よりいたるものは高なり、天翔るものハみなたかなり、たゝりをなす神に天翔らぬものはあらず、みな高津神にてあるなり、

高津鳥乃災

高津神ハかたちなきをいひ、高津鳥は鳥のかたちをあらはして災をするもの也、姑獲鳥《ウフメドリ》、鷲熊鷹、またハ天狗のたぐひ災をなすものなり、神代紀に「爲レ攘《ハ》ニ鳥獸昆虫之災異一則《チ》定ニ其禁厭之法一」とあるを見れば昆虫の災ハこれにひとしく鳥の災を高津鳥にあて獸の災を高津神の災にあてゝ見れば狐狸を旨としていへるものに似たり、これをふせぐにもまた三ッの心得あ

り、いまたおこらざるときにふせぐハ未前也、そのおこらんとするきざしを見て是をはらふべし、れてこりたる後にてもよく慚愧してその災をのくるはらへをすべし、

畜仆志 人の家の畜を仆すわざなり、

蠱物爲罪 蠱物ハ正氣へ邪氣をましへて人を害なふわざをいふ、これハ蠱をもてそこなふ蠱害也、

許々太久乃罪出武 この五ッをもてこゝたくといへるなり、是につける罪いかほどありてもそれをこゝたくといへるにハあらず、外來の惡疾鬼祟內發の殘害淫乱蠱害これをさして許々太久といへるもの也、此一段ハたゞ此結句許々太久の罪、出武といふ一言を旨として長々といひきたれる文章なれハそのこゝろをえて、今此一句を長々ととかんとするなり、

　この祝詞をよむ要旨たゞ此一句にあり、

この祝詞ハまことに宇宙第一等の名文にて、よくよめば天地の大理をつくしたるものなり、人道ハたゞこの一句にあり、そもく罪に陰陽の二ッあり、

盗賊、爭論、等ハ陽罪なり、淫乱、蠱害ハ陰罪なり、陽罪ハ顯露にて誅し給ひ、陰罪ハ幽冥より是を誅し給ふ、その罪科の重きハ救ひかたきものなれど、輕きは神の是をすくひたまふ所置あり、祓禊のわざ是なり、はやく後悔懺悔して心を改め行ひをあらたむれバその罪をはらひすてゝなからしめ給ふ也、いまその大要をかたりて人々に心得させむとす、先ッ人道の歸するところをしるべし、神道ハ本をたて、世をたすけ、人を救ふ、此三ッよりほかにあることなし、此三ッをまたつゞめて見れバわれをむなしくする也、われをむなしくして本をたて、われをむなしくして世をたすけ、われをむなしくして人をすくふ、これを人の眞情《マゴヽロ》とす、本とハ君をいひ父をいひ母夫をいふ、世を助すくるハ家業をつとめはけみておこたらざるをいふ、殊更に世をたすけんとおもはずとも家のわざをだにつとむれバ世をたすくる道にいたる、ことさらに人をすくはずともおのれ行ひをつゝしめバおのづから人を救ふ心にかなふ、されバ人ハ忠孝貞を本として家業をはけみ身の行ひをつゝしみて世をわたるべきものなり、これは人道の表をいふなり、人としていたれもこのむことあり、かつことゝ、あつむることゝ、まぐはひと是なり、かつことを好むによりて、文武の藝術をはけみて他國のあなつりをふせぐ、あつむることをこのむによりて家のなりはひにおこたらず、まくはひを好むにより人の種をたゝず、ゐかはあれど道をゐらずしてかつことをこのめば身を失ひ、人のゆるすをまたずしてあつめんとすればまた身を失ふにいたる、まぐはひをこのみて身をうしなふもの多かり、

これは人道の裏をいふ也、

かの生膚斷死膚斷はかつことをこのむによりおこる罪なり、犯罪いまぐはひにふける罪なり、蠱物い道によらずして物おほくあつめんとする罪也、これによりて惡疾の災を思ふに、人をたすけすくはざるものは惡疾をうけ本を本とたてざるものい災にあふなるへし、

生膚斷死膚斷――かつことをこのむあやまち、

犯罪――まくはひをこのむあやまち、

畜仆志蠱物爲罪――おつむることを好むあやまち、

白人胡久美――たすけすくはぬあやまちよりおこるわざはひ、

昆虫高津神
高津鳥乃災――君父夫すへて本をたてぬあやまちよりおこるはざはひ、

人ハ天と地との中にたひたちて天にひかれてのひ、地にひかれてちゝまり、中におりてましはらんとするもの也、かつことをこのむハ天にひかるゝゆゑなり、おつむることをこのむハ地にひかるゝ故也、まくはひをこのむハ中におりて天地の氣ましはらんとする故也、はじめハかつことをこのむにより文學武藝その外諸藝に上達すれども、つひにハおのれをむなしくして本をたつる大道をさとり、君父師をたふとみ、天地にしたがひ神靈にまかせ、身心自在をうるもの也、文學武術その外諸藝上達すれば一身一人にかつことをこのむこゝろハうせておのつからその德四方に聞え家名をおこして他家にかち、君父をあらはして他邦にかち、つひにハ異言の國にもかつにいたるへし、かたずしてかつハかつことをこのみて上達し、かつことをすてゝ

おのれをむなしくするによる事也、うまれながらにしてこの理をしるものハめでたし、

これまてハかつことのよろしきをいふ、

あなかちにかつことを好むものハいつはりてかち、わざむきてかち、あらそひてかち、いひかちて心よしとするものなり、かつことをすて、心をむなしくするにいたれる人のめよりみれはいとをかしきものになん、あなかちにかつことをこのむものは人に疵をつけ、おのれも人にきらるゝことあり、生膚断死はたたちはあなかちにかつことをこのむものゝあやまちおかす罪也、生膚断てころすにいたらされは人のあつかひにてすむもの也、ころすにいたれは公よりゆるし給はず、こゝは膚をたちたるまてにてころすにいたらず、おつかひにてすみたる後はらへをしてその穢を清め、はらへつものをいだしてその罪をわかなふなり、祓はすへて公裁をむねとして顕露の公裁はすみてもなは幽中に罪の清まらぬをはらふるわざなれば、その心をえてすべきもの也、されば生膚たちたるばかりにあらずあなかちにかたんとし

てわざむきいつはりてかちたるたぐひ、その罪幽中に鬱結みてわざはひのたねとなるものなればはふりをたのみてはらへをなさしめ、米錢をちらしてその鬱結をそれにつけて祓へのけちらしすつべし、生膚斷はかつことをこのむによりておこるばかりにあらず、まぐはひをこのむよりおこりて生膚斷事あり、あるひは指《ユビ》きり髮きり、またハ心かはりをにくみてその女にきずつけ、その男に疵つけなどするたぐひ、みな生膚をたつ罪なり、またあつむることをこのむ慾心より人に疵をつくることあり、人にきすつけらるゝことあり、かけことよりおこるいさかひゆるさぬをえんとしてゆるさぬをいかり、また刀をぬきおとして物をとらんとしてきすをつくるたぐひのことあり、これも公よりゆるし給はぬすちにて、ぬす人の人にきすつけたるはたちまちとらへられてころさるゝものなれハその罪れもし、さらでも此すぢの事あるべし、

是ハ生膚斷のあしきことをいふ也、下賤の者の中には人の妻にせまりてうけひかずハころさんなどいひておどすものありときく、これらは

まくはひをこのむとぬすまんとする心とかたんとする心とこの三ッの罪をかねあつめたるものなり、かゝることをして心をあらためず、はらへもせずしてすぐさんには必らす惡き病、または思ひかけぬ災にかゝりてくるしみはつるものなるべし、かくてうけひきたらんには、女にも罪いできて二人のつみなれどうけひかざる時は、その男一人の罪なり公よりめしとりて罪し給ふべきにもあらず、是等は幽中の罪となりて鬱結し、災のたねとなるものなり、すべてこの心えはあるべし、

已母犯罪のたぐひ、從者のその主人の妻娘をおかすもこれ也、已子犯罪のたぐひは主人その從者の妻をおかすたぐひこれにつけておもふべし、人妻を犯すは重罪なれは公よりゆるしたまはぬことなれど、そのこと世に聞えていはちにはちをかさぬるわざなりとて、そのまゝにゆるしれくたぐひもあるべし、本學にてこゝろざゝんものはこの罪をおそれかしこむべき也、ゆるさるゝによりてさしたる罪にあらずとおもひてある人もありぬべし、されとも其罪うちに鬱結して幽中の罪となり、惡疾となり、災となり、子にむくい、身

後の障りとなることとなれば、婦人はことにつゝしむべし、男も人の妻に貞をうしなはしむるはかろからぬ罪なることをしりてつゝしみ守るべきなり、心のあやまちにてさることしたらん人は、神につげて祓をなし、米錢をほどこして、その罪をつくなひ今より後をいたくつゝしむべし、

けものたふしまじものするにさま〳〵あれどあつむる心の慾よりさるわざをするものおほかり、いまも牛馬のたくひをしなしめてすてさせ益とするものありときく、古へもさるたぐひのことせしものありしなるべし、まじものは人にたのまれて人をのろひなどするたぐひ也、これはまぐはひのすぢよりおこりて人をのろふもの也、かつことをこのみてしかするものあり、あつむる慾により人を殺してそのこしたるものをとらんとたくみてまじものするたぐひもあるべし、いつれにしてもそのおこりはまぐはひと慾心とまけてねたみそねむこゝろと、これらよりおこることなり、まじものはまづ人をのろふことをむねとしていふなり、人をやましむるものあり、狐をつけ、いぬ神をつけなどおほくは慾心よりおこることなり、さらぬは色情、ま

たれまけてくやしきそねみのこゝろ、此三ッよりれてこりてまじものハするなり、

是はまじものによりてれてるこゝろを志るす、わきていへバかたんとしてかたれず、あながちにかたんとするにより、生膚断死膚断の罪をつくるなればかつことをこのむこゝろを是にくばりつけてれいへど、色情よりおこり、慾心よりおこるもあれバ、とりきめていへばこの三ッのあやまちにれてる罪也、

これハたちかへりて生膚断の心をまたとける也、わきていへばおかす罪ハまぐはひよりれてこれど、これにもまたいひいだしてれまけてやましとかつことをこのむより邪陰をするものあり又欲心より邪陰をするものあり、とりすべていへバ、おかすにも三ッの心よりれてこりて、さだまる妻のはかにあらぬものをおかす罪をつくるなるべし、

是ハあらぬものれかす罪の心をたちかへり又とける也、

わきていへば、まじものハ慾心よりれてこれども、くはしくいへば、かつことを

このみてましものするものあり、邪陰よりおこりてましものするものもあり、そのましものをする人はその料をむさぼる心よりするなれど、せざる人にはそれらの心よりおこる也、ましものはせずともさる心をおこすべからず、

これはましものゝ罪のこゝろをたちかへり又とけるなり、

さてその悪疾災のおこるその本を考ふるに、そのもとを本とたてざるむくいは災をうけ、人を助けすくふ心なきむくいは悪疾となるもの也、

これは白人胡久美と三ツの災《ワザハヒ》とのもとをいふ也

わきていへば悪疾のもとは、たすけ救ふこゝろなきよりおこれどもそれにもかぎらず、なりはひをおこたり人を助けすくふ心なきよりおこるわざはひもあり、又本を本とたてぬ心よりうくる悪疾もあるなり、

まづ二ツにわけおきてまたひとつにしてとくべし、

不忠不孝不貞不慈不仁不勤不學のたぐひあらはれてしらるゝは公儀にてゆるしたまはず、さまで表にたちてはとがめたまふにいたらでまことはい

みじき不忠不孝不貞不慈不勤の罪あるものなり、さるたぐひはうちに鬱結して幽中の罪となり、悪疾となりて身をくるしめ、子にむくいて子をくるしむるたぐひれほくあることなり、高津神高津鳥昆虫の災となりて家に祟りその田畑にたゝるたぐひ、みなこの幽中の罪よりおこることなり、一村こと〳〵く悪疾をうけはふ虫の災にかゝるたぐひのことあり、一村の人ことことくあしきにもあらざんめれど、この災をうくるいともに發する災にてまことはよろこぶへきことあり、それにつきてとしころ鬱結志たるわざはひをはらふにより其後にたのしみあり、とてもかくても鬱結志たる罪咎はは、らはずしてはやまぬものなり、よそにさそはれてはやく發して拂ひされば、かろき鬱結はなごりなくなるべし、重き鬱結はそれにてもなほのちにのこるべし、一村申合せてはらへをし、ほどこしをして、その鬱結をちらすべし

祭はすへて、罪咎の鬱結をちらすわざ也、それにつきて費用をいとはぬいはらへつものをいたすこゝろ也、つゞみをうち、大聲あげてにぎはしくさわぐは、氣をちらしあらたむるわざなり、をかしき神樂をして大聲

あげてわらふたくひよきことなり、おのれはいたく里神樂をこのむ也、世の神職たち里神樂することをはぢてせざるいと〳〵あしき心得なり、をかしきことをして人をわらはせ罪咎の鬱結をとかしむるはかの宇受賣命のもひもをほとにおしたれてわらはせ給へる古事にもかなひてよろしきこと也、されど處によりその里神樂にあしきことをつくりてあるもあり、いやしくきたなきことをのぞき、たゞあさく子共らしきことにてわらはするやうにをかしくおもしろくつくりかへたらんには、里神樂はよろしきものにてありぬべし、このことは別にいふべし、ことのついでにいさゝかいひれくなり、

不孝不忠不貞不慈不仁不勤不勞中に鬱結して罪をかもし惡疾となりてくるしみわざはひとなりてなやむこのことわりをしりたらんにはつねに不孝不忠不貞不慈不仁不勤不勞をつゝしむへし、かの時置師神もうちに鬱結せる罪咎のなきものいれかしがたけれど、大凡人とうまれてそれらの罪のうちに鬱結してあらぬはなきによりひきおこされてその病となるものなり、

おのれはよしつゝ志みてさる心をおこさゞれど先祖代々のうちにさる罪咎の鬱結をつたへたる人ありておのれにいたりてその鬱結のあらはるゝをいかにせん今ひきいださるゝは昔よりの罪咎の鬱結志てあるをさそひいださるゝなれば病の神、昆虫、高津鳥、高津神はその向火《ムカヘ》とおもふべし、いかばかりのむかへ火にあひてもひきいださるゝ罪咎なきときはひきいだされぬ也、つねに心をむなしく志てをけばひきいださるゝものあらず、さればはらへの旨をよく志りたらんものは未前の祓をよくなしおきてなほもはらへのわざをつとめ心をむなしく志てはらへつものをいだすべし、祓物《ハラヘツモノ》をいだすとは、ほどこしをこのむことなり、

是は本をたてぬと人をたすけぬとのむくいをいへり、本をすて人を助けぬうへにかつことを好みあつむることをこのみまぐはひをこのめる罪つひに惡疾と也、わざはひとなる、これによりはらへをしてそのことにおよばざら志めんとする也、

是は國津罪を一ッにつゞめていふなり、

わが古傳に神習へ青人草習ふなどいふことあり、神習へは天津神に習へといふこゝろなり、高天原は善世界也、その善世界の人に習へとなり、黄泉國は惡世界也黄泉國の惡世界に心ひかれながら高天原に上りたまへる進雄命天上にて惡事をなし給へるを天津罪といふ、されば下賤の中にそだちし人の娘貴人の妾となりてその君にいやしきことをすゝむるたぐひ天津罪に似たるべし、すべて下々のまねを貴人のし給ふは天津罪也、是により民業をさまたげ給ふにいたる、かのみぞうめくしさしに類へること也、民をくるしめ、課役をたはせ、おのがおごりにみて給ふたぐひ、天津罪といふべし、服屋をけがし、竈處《ヘツヒ》をけがし給へるたぐひ、衣食住に災《ワザハヒ》するわざにて貴人の罪にはこのことありつゝしみ給ふべし、

おのれはじめに天津罪をとりのけおきて國津罪をあげ、のちにいたりてこのことをいへるは祓への文意をよく／＼考へていへるなり、のりわけてはのりわけてのけおき、民間の罪をまづあげて後に天津罪におよぶ心と見たる故也、

衣服ハほど〳〵にしたがふものなり、食慾もまたうゑを養ふにたればよろしきを、貴人にして下賤の服を著てたはふれたまふたぐひ、服屋をけがすに似たり、又僭上の服をき給ふも、服屋をけがし給ふなり、異食をこのみ給ふハ竈處《ヘツヒ》をけがす罪なり、臣下ハいさめてさるわざをなさしむべからず、ましてすゝめたてまつるハ不忠のいたりなり

天津罪につきてハいはまほしき事さま〳〵あり別にいふべし

天都詔詞太詔詞考三 終

天都詔詞太詔詞考四

大國隆正著
福羽美靜校

如此《かく》出《いで》波《ば》天《あま》津《つ》宮《みや》事《ごと》以《もち》氏《て》大《おほ》中《なか》臣《とみ》天《あま》津《つ》金《かな》木《き》乎《を》本《もと》打《うち》切《きり》末《すゑ》打《うち》斷《たち》氏《て》千《ち》座《くらの》置《おき》座《くら》爾《に》置《おき》足《たら》波《は》志《し》氏《て》天《あま》津《つ》菅《すが》曾《そ》乎《を》本《もと》苅《かり》斷《たち》末《すゑ》苅《かり》切《きり》氏《て》八《や》針《はり》爾《に》取《とり》辟《さき》氏《て》天《あま》津《つ》祝《のり》詞《と》乃《の》太《ふと》祝《のり》詞《と》事《ごと》乎《を》宣《の》禮《れ》　右第四段

此段はかく出ば「大中臣祝詞事乎宣禮」といふことにことばをそへたるものなり。

天津宮事以氏

天津宮とは高天原の幽宮をいふ。その幽宮にての大御政を

うつし、そのことくにしてといふこと也、これは進雄命の天津罪をたゞしたまへるときの故事をいふ也、この文は

如此出者

天津宮事以氐○天津金木乎云々取辟氐

大中臣○天津祝詞乃大祝詞事乎宣禮

このことくにわけて此段をこゝろうへし

神代紀に科《オホセテ》二素戔嗚尊一千座置戸之解除《ハラヘチ》一以二手爪一為二吉爪棄物《ヨシキラヒモノト》一以二足爪一為二凶爪棄物《アシキラヒモノト》一乃使二天兒屋命掌二其解除之太諄辭一而宣之《ノラセタマフ》とあり、この故事によれるもの也、その時は伊邪那岐命の禊祓を祖として、そのわざをなし給へる也、地上の故事を天上にとり、天の故事をまた地にとりてすることの祓也、されははらへのれこりをゑらではかなはぬこと也、そのれこりは一巻にいへるがことし、さてこのよしきらひものあしきらひものゝことも一巻にいひれけり、

【大中臣】大祓のときこの祓の祝詞をよむ、そのつかさの人なり、中臣は天兒屋命の後にてその氏人れはかる中に天津祝詞太祝詞事をよむはすぐれてかしこきわざなるによりこれをよむ人をことさらに大中臣といへるもの

也、考の頭書に、續日本紀神護景雲三年の詔《ミコトノリ》に因《テ》神語《ニ》有《ル》大中臣而中臣朝臣清麿云々賜姓大中臣朝臣といふ文をひかれたり、神語は此祝詞をいふ、この祝詞に古くより大中臣といひきたれるにより朝廷へこひ奉りて大中臣と姓をあらためられし也、中臣《トミ》といふことのこゝろは一卷にいひれけり。

天津金木乎

これは中臣の職掌にあらす忌部の職掌也されば大中臣はこれらの句をへたてゝ天津祝詞太祝詞事へかゝる文法也、金木は木のたらえをきりとりたるをいふ、伊吹抄引弘仁儀式少弱木此曰加奈宜考云孝德天皇紀舸《カ》娜《ナ》紀《ギ》都《ツ》該《ケ》阿我柯賦古麻播比枳涅世儒とよませたまへるも小木を馬の足に結付てほだしとするをいふひきでせずは引出不為也、後釋云文選東方朔か文にも以筳《カナキ》撞《ク》鐘《チ》とありて注に筳は小木枝也といへり、齊明天皇紀に兵盡前役以棓《ツカナキ》戰とあるも握加那紀といふことにて手にとりもちて戰ひなどする今の世の棒也とありまた思ふにかなぎといふことのこゝろは末をかぬるこゝろにて年をへたらんには大木となるべき枝のいまだわかくしきをいふ也、木はひと春に高くたちのひてそれより年々にふとくなるも

のなればその年〳〵をかねてまつその一春におひたちたるに枝をかなきといふなり、

本打切末打斷氏

もとはふとく末はほそし、これによりその本をうちきりするをうちたちてその中の本末太細なき處をとるをいふ、考に云古事記清寧天皇段五十隱山三尾之竹本訶岐苅末《スヱ》押《オシ》磨《スリ》云々弘計天皇紀に石上振之神椙《スギ》伐本《モトツチキリ》截末《スヱツチタチ》など古文の例なりとありきるもたつもれなしほどのこゝろ也、前に生膚たち死膚たちとあるもきることにてあればきりはなすをいふにあらず、こゝはまたきりはなすをきるともたつともいへるなり同し心といふうちにきるは豚をはなす心なるにより本にいひ、たつはへだてゝかよはさぬこゝろなるにより末をいへるなり、

氏

このては、源氏物語の舊注に句とあるこゝろのてにてことばをはぶきてこゝろをふくむるてなり、千座置座につくり」といふことばをはぶきてその心をふくませるてなり、これわが國の文章には古へも今もあることにてつねのことばにも此意のてつねにいふことなり、

古文はこの文の此段をもて證とすべし、中古のものにては古今集の序に男山のむかしをおもひいでゝ女郎花の一時をくねるにも歌をいひてそなぐさめけるとあり此の言葉は男盛リのむかしをおもひいでゝなげくにもといふべきをくねるにもにゆづりていはざるなり、おもひいでゝ女郎花とはつゞかぬ文章なり、源氏夕顔の巻に右近はたかしましくいひさわかれんことを思ひて君もいまさらもらさじとおもひ給へばといふことあり、これもおもひてはいはずといふべきをいはずといふことばをはぶきてきかせたる也、この外かずかぎりなくおほきことなり、

千座置座爾置足波志氏

くらは物をおく處をいふ、このものはこゝにおきかのものはかしこにおくへしと置處を定めておくをくらといふ、今の世に金ぐら米ぐらなどいふもおき處をきはめていふこと也、位《クラヰ》といふもそのをる處をきはめていふ心なり、これはかなきをくみて机につくりそのうへゝはらへつものをたくをいふ、今志もと机といふもの也、かなきを志もとゝも

いふによりしもとをあみてつくれるものをしもとつくゑといふなり、あぐらはわげぐら也、おきくらは物を置くためのくらなれはしもとつくゑを千といふばかりおほくつくり、それに祓物を置きみつるを千坐に置たらはしてといへるなり、足《タラ》はしてはらへつもの千坐に及ひてむなしきおきぐらの一ッもなきをいふ也、これやかて天津宮事なり、その證は神代紀に進雄命の段に科《スニ》之以《ニ》千座置戸遂促徴《セメハタル》矣とあり

戸は广の誤にて广は座の略字ならんかし座とかくはもろこしにては俗字なれど日本にてはふるくよりこの字を用ゐきたれり後釋萬葉三奈良のたむけに置幣者、十一幣に置に宣長翁云これら幣に奉ることを置とはいふなるへしといへり隆正考ふるにしかときてはことの心に本末のたかひあるへし、千座の置座のかたを本にしてすへてぬさには置《オク》といふなるへしおくはもとにつくること也、地上へしかとつくるをたくといふ、幣はさゝぐるものなるをたくといふはおきぐらに置ゆゑなり、置座におくは祓物にいだすこゝろなり、神にさゝぐるもなははら

へつものにいだすこゝろをみせ奉るわざなればおくといふなり、

或人云穢物は祓をつけたるものなり、それを神に奉るへきにあらず、この説いかゞなり、隆正云志からず、穢をつけていたしたるこゝろにはや清まる心ある也、これにより祓物も清きものとなり神はその清くなる心をうけ給ふ也、まひなひして神にものをさゝげたらんには神はうけ給ふべからずあやまちをあらためわが非を志り、わが悪行をくいてさしいだすものはうけたまふべし、このことは一巻にくはしくいひおきたれどまたいふなり。

天津菅曾 平

菅曾はすげをさきてはそく志たるをすがそといふなりそれはそききはみをいふ、

かくのことくはそきものはみなそなり、ほそのそもこれなり、最細《ホツ》のこゝろなり、これはすがといふものにあらずすげといふ物なり、それをあはせ詞の例にて菅笠《スゲカサ》菅蓑《スゲミノ》などいふ也、すかそも菅細《スゲツ》のこゝろなり、すげをまつあらく〳〵ととりさきたるをすかそといひてそれをまた彌《ヤ》針にとりさきて細くする也、志かすがそをとりさきたるものにそのはらへつものをはらへばその罪とが穢《ケガレ》は清まる也、さて祓《ツ》物を河原にすてその

すがそをなかしけん、そのすがそハかの罪咎をまきもちて海へながれいづるなるべし、さてその祓ッ物ハ貧民これをとりて受用したりけん、後には神家のものこれを貪りしなり、このことも一巻にいひれけり、此菅曾ハ祓につけてハ肝要のものなり、是によりことさらにこゝにあげられたるもの也、

儀式ハさしおきてはらへせんとおもふものハ今も菅そをたくはへおきて八針にとりさきて用ゐたまふべし、

亡友岡熊臣云この菅といふ草ハ、かならず罪穢を除去功能あるものなるべし、さるハいかにといふに水を以て汚物を洗去れば眼前に見え去らるゝを、潮鹽の不浄を除去功能ハ眼前にみえぬ幽玄の妙理ありて疑ひなし、ゆゑに此草の罪穢をはらふ功能あるも其と同しく眼にこそ見えね、罪穢の清る功能ある草なれバ神代より如此祓に重く用ゐられしことなるへしといへるハめつらしくいはれたる説なり、

八針爾取辟弖 考に云こまかに割をいふ、針にてさくものなれば八針といへり、刀を用ゐるものハいく刀にきるといふがごとしとある説よろし、八ッ

いやつなりとあり、⊛かくのごとくに割《サケ》ば八針なり、かくのことくにしていくつにもさきしなるへし、

氏 このて・もまへのて・にひとしく言をはぶきてふくめたる心のて・也、はらへつゝといふことをはぶきたる也、そも〳〵はらへつゝといふことこの祝詞の大要なり、ざるをいはずしてふくめたるは文章の大体にていはざれども文章をよく見る人の眼にはみゆるものにてそのはらへは全體にかゝりておのづからしらるゝ也、されど今の世のごとくその祓へのわざたえうせたるよにてはこれをいはざるによりわからずなりにたり、されどかたへの書にてしられ、また考にひかれし萬葉集の歌どもにてしらるゝなり、巻十四にゆふだすきかひなにかけてあめなるさゝらのをぬのなゝふすげ手にとりもちて久堅の天の河原にいでたちて身滌てましを、また神樂歌に中臣の古須氣乎佐紀波良比いのりしことはなどあるにていちじるかり、神樂のうたにさきはらひとあるにてこれをもちてその罪穢をうちはらひしことあきらかにしらるゝ也、

後々釋に取辭氐天津祝詞とつゝきたる言葉也とあるは文章の對法をしらぬ解説也高尙は文章に名ある人なれと後々釋を見ればさらに文法しらぬ人のごとく見ゆるいかなることにや、かの萬葉のうたに天なるさゝらのをぬのなゝふすげといへるを見れば天津宮事をうつして祓のときはすべて此地上ながらひさかたの天河原のおもひをなしてはらへみそぎしたりけん、

天津祝詞乃太祝詞事乎宣禮

天津祝詞太祝詞事とはトホカミヱミタメといふ五ツの神言なりかの八針に取辟たる菅曾をもてはらへつゝこの神言をとなへてその氣をかのはらへつものにかけたまへるなり、くはしく一の卷にいひれきたればいはず、

如《か》此《く》久乃《の》良《ら》波《ば》天《あま》津《つ》神《かみ》波《は》天《あまの》磐《いは》門《と》乎《を》推《おし》披《ひらき》底《て》

天《あめ》之《の》八《や》重《へ》雲《くも》乎《を》伊《い》頭《つ》乃《の》千《ち》別《わき》爾《に》千《ち》別《わき》底《て》所聞《きこし》

食《めさ》武《む》國《くに》津《つ》神《かみ》波《は》高《たか》山《やま》之《の》末《そゑ》短《ひき》山《やま》之《の》末《そゑ》爾《に》上《のぼり》坐《まし》底《て》高《たか》山《やま》之《の》伊《い》穗《ほ》理《り》短《みしか》山《やま》之《の》伊《い》穗《ほ》理《り》乎《を》搔《かき》別《わけ》底《て》所《きこ》聞《し》食《めさ》武《む》

右五段

この段は對句なり、なほ圖にあらはしてしらすべし、

如此久乃良波
- 天津神者
  - 天磐門乎推披氐
  - 天之八重雲乎伊頭乃
  - 千別爾千別氐
  - 所聞食
- 國津神者
  - 高山之末短山之末爾上坐氐
  - 高山之伊穗理短山乃
  - 伊穗理乎搔別氐
  - 所聞食

天磐門

天乃磐門は日輪外邊の洞穴これなり、トホカミヱミタメはいとい

と尊き神言なるにより天津神もこれを聞たまふなり、こはもと天津神のなしそめたまへる天津宮事をもてすることなるにより天上神界の天津神たちも聞たまふなり、トホカミヱミタメの神言ハ天上の神界にます神たちもきこしめされずしてハかなはぬわけのあることばなり、

天之八重雲乎伊頭乃千別爾千別氐

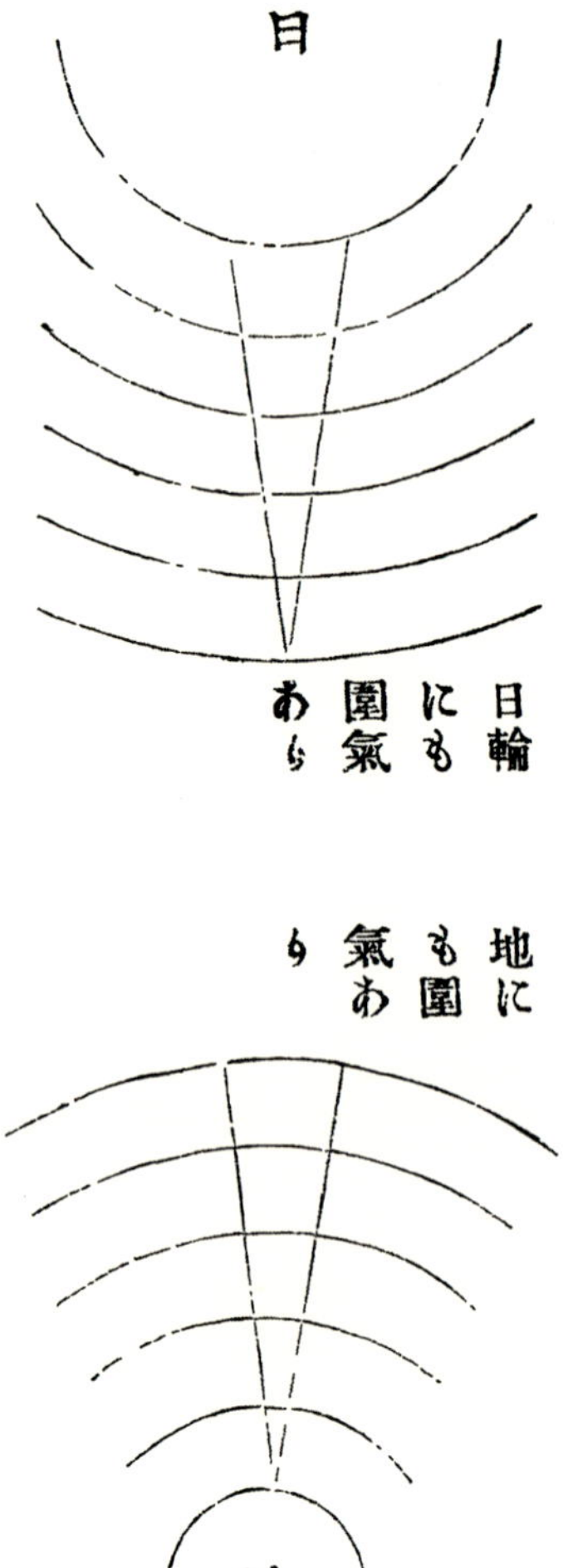

かくのことくかきわけてきこしめすなるへし、

高山之末短山の末

官位の尊卑《ソンヒ》をたかきみしかきといへり、これにてひく

き山をみじかき山といふことをさとるへし、

國津神　この天津神國津神の對をつら〱考ふるに、天津神ハ高天原に神留坐神をいへる也、國津神ハ神問しに問はしたまひて皇命にしたがひまつりもろこしへさり給へる國津神をいへるなり、大國主の黄帝をはじめ、もろこしにて十紀といふ言代主神より以下遠津山岬多良斯神までこれらをさして國津神といへるなり、これら天津罪と始まりし進雄命の神孫にて國津罪と始まりし種々の罪ことをしろしめす神なれはこの神々かのトホカミヱミタメの神言にまつろひ人々の改心して善人になれることをよろこひ給ひてこのはらへをきこしめすなり、

高山之伊穂理短山之伊穂理乎搔別氏　いほりといふハかりそめにゐたまふ處をいふ也、もろこし以下に國津神の神靈かりにゐたまふ也、そのかりそめのいほりをかきわけてきこしめすといふことなり、本宮は出雲にあれども漢土以下にいほりして居給ふ神々なり、しかし天上の日輪界と外國の幽冥界とを對にとりたるにて此文の廣大なることをしるべし、いほりのいハ氣

のこゝろ氣《イ》廬《イホ》入《イリ》のこゝろなり、幽露のいほりもかりそめにつくれるいへをいふ也、それになずらへて幽界の氣《イ》廬《イホ》もかゝりそめなることをしるべし、いほいへなどいふことばのこゝろを考ふるに、いは鑄のこゝろにて金を鑄かたにいれてつくる如く指《カ》圖《タ》に合せで造るによりいといふ也、いへは竈をむねとしてつくるにより家《イヘ》といふ廬《イホ》は地より高くあらはれてみゆれはいほといふ也、ほはあらはれて見ゆるこゝろ也、こやもわらはにといへるわらはにのこゝろ也、いいほは氣のことなれは肉眼には見えねども神のみめにはかゝるへし氣の中に廬をつくりておはしますなれば、そのいほりをかきはけきこしめすといふこと也、わが國のうちにても天津神國津神の御社ありて神々もみち〳〵ておはしませはその太祝詞をきこしめすへし、されど神々にはおの〳〵職掌おはしましてこの祝詞を聞給ふことを職としておはしますにはあらず、天上の天津神外國の國津神はもと此禊祓のことにつきてなりいでましみそぎはらへによりて世をおこし、禊祓につきておはします神々なれはこ

れをきこしめすいその神々の職掌にておはしますなり、

如《か》此《く》所《き》聞《こし》食《めし》氐《て》波《は》皇《すめ》御《み》孫《ま》之《の》命《みこと》乃《の》朝《み》廷《かど》乎《を》始《はじめ》氐《て》天《あめの》下《した》四《よ》方《もの》國《くに》爾《に》波《は》罪《つみ》止《と》云《い》布《ふ》罪《つみ》波《は》不《あ》在《らじ》止《と》科《しな》戸《ど》之《の》風《かぜ》乃《の》天《あめ》之《の》八《や》重《へ》雲《くも》乎《を》吹《ふき》放《はなつ》事《こと》之《の》如《ごと》久《く》朝《あした》之《の》御《み》霧《きり》夕《ゆふべ》之《の》御《み》霧《きり》乎《を》朝《あさ》風《かぜ》夕《ゆふ》風《かぜ》乃《の》吹《ふき》掃《はらふ》事《こと》之《の》如《ごと》久《く》大《おほ》津《つ》邊《べ》爾《に》居《をる》大《おほ》船《ぶね》乎《を》舳《へ》解《とき》放《はなち》艫《とも》解《とき》放《はなち》氐《て》大《おほ》海《うみの》原《はら》爾《に》押《おし》放《はなつ》事《こと》之《の》如《ごと》久《く》彼《をち》方《かた》之《の》繁《しげ》木《きが》本《もと》乎《を》燒《やき》鎌《がま》乃《の》敏《と》鎌《がま》以《もち》氐《て》打《うち》拂《はらふ》事《こと》之《の》如《ごと》久《く》遺《のこる》罪《つみ》波《は》

不在《あらじ》止《と》祓《はらへ》給《たま》比《ひ》清《きよめ》給《たまふ》事《こと》乎《を》高《たか》山《やま》之《の》末《すゑ》短《みじか》山《やま》之《の》末《すゑ》與《よ》理《り》佐《さ》久《く》那《な》太《だ》理《り》爾《に》落《おち》多《た》支《ぎ》速《はや》川《かは》能《の》瀬《せ》坐《ま》須《す》瀬《せ》織《おり》津《つ》比《ひ》咩《め》止《ど》云《いふ》神《かみ》大《おほ》海《うみの》原《はら》爾《に》持《もち》出《いで》奈《な》武《む》

右第六段

かくきこしめしてハもちいでなんといふこゝろなること前段の文法にてこゝろうべし罪といふつみハあらじと祓へたまひとつゞけて見るべし、こゝハ一頭兩脚の文法にてのこれる罪ハあらじとのとよりはらへたまふといふとことばへかゝるなり、

如此所聞食氐波
罪止云罪波不在止
科戸之風乃
天之八重雲乎吹放事之如久
大津邊爾居大船乎云々之如久
祓給清給

彼方之繁木本乎云々之如久
遺罪波不在止

かくのことくつゞく文法なり

朝廷乎始弖

このみかどの百官のことをいへるばかりにあらず、日本國をおしくるめていへる也、それ伊勢物語にわがみかど六十六國といへるみかどにおなじ、

天下四方國爾波

四方の國中といへる四方國にて世界萬國をいへる也、

或人云そこのとかるゝはあまりにひろすぎたり、日本國中の事と見てしかるべし、わが朝廷にしたまふ大祓のしるしの萬國におよぶべくもあらず、隆正こたへて云百官の大祓したまふことの日本國中へとゞくべくば萬國にも及ふへし、萬國に及ぶべからずば日本國中にも及ぶべからず、いさゝかの事に眼を止《トヾム》るはこゝろのせばきなり、かゝるおほきなる文章を小さくして見るはこゝろなし、

罪止云罪波不在止

大祓の功のいと廣大なることをいへるなり、虚に似て

虚にあらず、實に祓の意をえて眞實にかくのごとくはらへをしたまひたらんには罪といふ罪はのこるへからねど後世はだゞ口にとなふるのみにてその實事實情なくなれるによりその功なくなりたる也、實情なく先非をくいあらたむる心なくしては千度萬度の大祓したりとてなにのかひかはあらん、まことに道を得て道のごとく朝廷にも心得給ひ、百官もその心になりてはらへしたまひたらんにはその感應世界萬國に及ぶべし、そのまことの心なくてはその感應宮中にだにあまねからざるへし、天津神も磐戸をとお國津神もいほりに潜みて聞たまはぬ祓はかひなきことなり、

科戸之風

しなは階級あるをいふ、親王のみくらゐを一品二品といふ、また臣下の三位四位も唐名といふことありて三品四品ととなふることあり、菅三品のたくゐこれなり、この品の字をしなとよめり、階の字も高階《タカシナ》などしなとよむはのぼりゆくものなればなり、さてしなどは階處《シナド》なり、風は天の八重棚のその階《シナ》をふきあかりふきくだるものなれば階戸《シナド》の風といふにそありける、風神を科戸の神といひ、志那都比古志那都比賣といふもこのこゝろな

り、科戸《シナト》邊《ベノ》神ともまをせり、とべはとめのこゝろなり、これはとおの對語なれど科戸《シナト》道《ヂノ》神といへるは見あたらず、

天之八重雲乎吹放事之如久

天之八重雲は青雲《アヲクモ》のことにして白雲のことにはあらず、

朝之御霧夕之御霧乎朝風夕風乃吹掃事之如久

おなじさまなることをふたつかさねていへるは高低をわけていへるものなり、

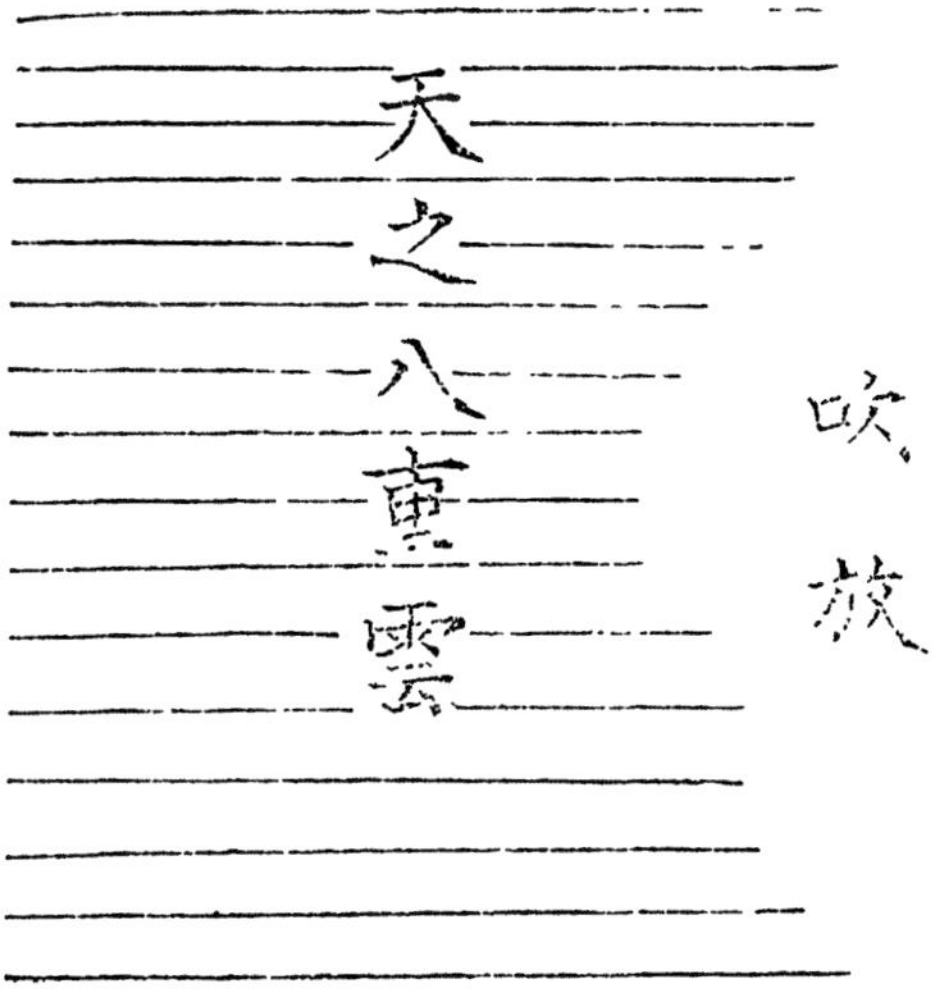

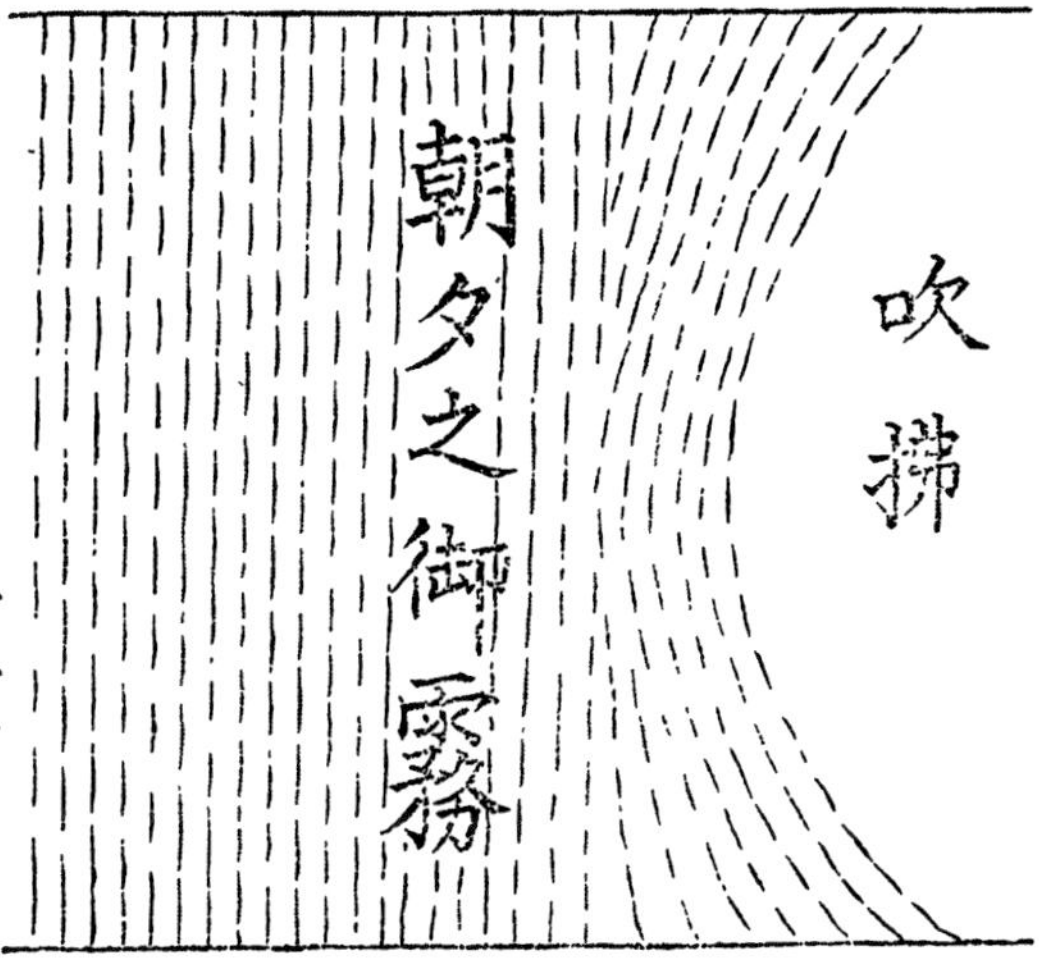

考に引る日本紀云伊弉諾尊曰ニ我所生之國《ワカウメリシクニ》唯《タヾ》有朝霧《アサギリノ》而薫滿《ミカヲリミテル》之哉《ナモト》乃吹撥之氣《フキハラハセルミイ》化爲神號《キニナレルカミノナチ》曰二級長戸邊命一とあるは風のはしめをいへる也、朝霧夕霧は夜氣のくだりてはれざるをいふ、夕よりくだりて朝まではれかぬるものなり、霧の上に天の八重棚はある也、その霧も八重棚のうちにてはあれど階ありて霧はさのみたかくはあからぬもの也、この一對にて靑雲と霧と八重棚とのありさまよくしらるゝ、これらのことばにてこゝろをつけて本學者は天地の眞をしるべきなり、

大津邊爾居大船乎舳解放艫解放氏大海原爾押放事之如久

大津はいつくにまれ船のよりつとふところをいふ近江の大津にいひなしたるものあるはひかことなり、へは岸に近くをるをいふ、これは順風のふきたちたるを見て船子とものつなきたけるへのつなとものつなをときはなちて大海の原におしはなち風のまにく〜れのもく〜おもふかたにゆくことくといふことなり、

和名抄兼名苑注云船前頭謂二之舳一和名閉、同云船後頭謂二之艫一和名云度毛

彼方之繁木本乎　燒鎌乃敏鎌以氐　打掃事之如久

前對ハ高低の對也、後對ハ遠近の對也、かくのごとく高低遠近をあげてのこる罪のあらぬたとへとゐたるは妙なり、神の作文にして人慮の及ふ處にあらず、彼方は萬葉集にヲチカタとよめるによるべく、後釋にひかれたるがごとし、をちは小《ヲ》路《ヂ》方にてちは目《メ》路《ヂ》のち也、目にて小さくみゆるところをちといふ也、彼《ヲチ》方《カタ》ハちかきところにあらねど近き處にとれるは大海原にむかへて近きところの山のはといふなれば高低遠近のちかきたとへにこれをとりたる也、さて彼方のといへるハうち見やる山のはをいふ、うちみやる山のはの繁木がもとをうちかるを見れハみるまにうちはらふにより罪のこらぬたとへにいへる也、燒鎌としもいへるはそのかみいかま《鑄鎌》やきかま《燒鎌》のふたつありしゆゑ也、燒太刀といふもこれにて鑄太刀《イタチ》燒太刀《ヤキタチ》とありしなり、今は太刀《タチ》をいることはなけれどいにしへは鑄ものゝ刀《タチ》もありし也、鎌にも鑄たるがあれどやきがまのかたとかりしにより燒鎌の敏鎌といへるものなり、やきかまハいまやきはをつけてうちたるをいふなり、

遺罪波不在止祓給比清給事乎

この事といふことばに心をとめて見るへきところ也、はじめに今年六月晦日之大祓爾祓給比清給事乎諸聞食止宣とあり事とそこにいへるはトホカミヱミタメといふ五ッの神言をさせるに似たり、この祝詞もあれど、むねとハその神言をさせるものなるべし、又祝詞の文中に事依奉伎又雑々罪事ハとあり、また天津宮事以てとあり、又天つのりとの太詔詞事とあり、又前對後對の對文にみな事の如くといへり、これらの事といふことばを見あつめてことの心をとくべき也事依の事ハ綱也、罪事、詔詞事、宮事は目なり、さてその宮事に罪事を詔詞事にてはらふ事也、さてその祝詞事のそへる天津菅曾の大ぬさをこゝにてハ事といへるなり、天之八重雲を罪のとりつけるぬさにたとへ、五ッの神言をしなとの風にたとへて事といひ、そのぬさを朝霧夕霧にたとへ、神言を風にたとへて事といへるが前對也、後對ハまたそのぬさを船にたとへしげきか本にたとへ、この神言を順風にたとへ、かまにたとへたるものなり、されはそのぬさへトホカミヱタメの息をふきかけて川へながしたるそのぬさをさして事といへりと見るべきなり、志か見ざれハ大海原に持出奈武といふ句につゞかず、この神言のそへる德によりてその罪咎のなくなるさまをくはしくいへるこの祝詞なりけり、

高山之末短山末與理佐久那太理爾落多支

さくなだりのくなハくねるといふことば也くねるハ俗言にまがりくねるといふことありてますくにハゆかぬ所をいふ也、水ハひききにつくものなれどひききにつかんとするに土の高き處あり、岩のさしいでたるあたりあり、木などありてますくにゆかぬよりくねり〳〵たりゆくものなり、水のひききにつくをたるといふたるひたるみなどのたるこれ也、さハすゝむこゝろの發言也、廣瀬祭の祝詞にも山々の自レ口狹久那多利爾下賜《クダシタマフ》水平とあるもこのこゝろ也、

考に逆《サカ》頸《タリ》、後釋に谷をくらとゝかれたる說などみなかなはず、

おちたぎは今いふおちたぎるといふこゝろなり、本居先生は都の字を補はれたれど是は大事のこと也、たやすくぬきさしすべきにあらず、たぎのはたちきたぎちたぎつと見ていはれたるなれど、今すこし委しく考へていふべ

きところなり、このことば、

たぎ――ら ずん り る れ どば ●
　　└た ずん ち つ て どば ●

かくのごとくはたらきしものにやあらん、さらばおちたぎつはやかはとつゞくなり、これらのことばはたぎといふことばありてそれにりるちつのはたらきのつくことなればおちたぎといひてそのりるをもちつをもいはず躰言へつゞけいふ一格ありしもしるべからず、しばらく舊本のまゝにしるしつ、

瀬織津比咩止云神

後釋に云この神すなはち禍津日神なり、倭姫命世記に「荒祭宮一座皇大神荒魂伊弉那岐大神所生《ノウミマセル》神名ハ八十枉津日神也一名瀬織津比咩神是也」といへり、此書は後世人の集なせる書にして凡ては信しがたきことのみ多けれども古書によれりとおぼしきことも又おほし、今こゝに引る説もさらに後世の人のおもひよるまじきことなればかならず古傳說ありしことく聞えて禍津日神を瀬織津姫と申すはかのはしめて中津瀬にお

りかつき給ふときに生坐《ウミマセ》る故にてこゝによくかなへり、さて此處は祓物に負せて流しやりたる罪穢をまづうけとり給ふ神なればかの中津瀨に下りて黄泉《ヨミ》の國の穢をまづそゝぎはじめ給へるによくあたれり、といわれたるはまことに明説といふべきもの也、この翁にあらずしていかでこれらの説をいはるべき、翁の説のなかにもこれらはすぐれたる説といふべきものなり、

この翁の説にもあかぬことおほかるは時代にていまだひらけざりし也、その中に又かくのごとくめでたき説のあるはわが學祖にて英傑なりとおのれはかしこみをることなり、

大海原爾持出奈武

かの麻《ヌサ》をこの神もちいでなんといへる也、是につきてものがたりあり、西洋人《ニシノウミノエミシ》のいへることに、海は世界の穢のあつまる處なり、世の中の人穢物をみな川にながすそのゆくへは海也、されば穢物のあつまるところにてさこそ穢てあるべけれとおもふにさもあらず、その穢物のはつる處も志られず、これはかならす海底にひきいるゝところありて地下をめ

ぐりて火山にいたり、火山の火これをやきて、その穢物をなくなすものなるへしといへり、西洋人の究理はすへて古傳によらず自己の智慮を旨とするにより、狹小なることとも頑固なることとも多くて、わが神理の廣大なるにはかけても及ばざれども、是はよく考へたりかの日月星辰のことは測量術にていふことなれはもとより廣大なるものを測量していふなれば、西洋人の智慮の廣大なるにあらずその實物の廣大なるなり、この說はその測量說とはことかはりて思量するところの窮理なるにかくのことくおもしろきことをいへるはめづらしきことなり、この說をわか大祓の古傳に合せて考ふるに、げにも穢物をあらひたる水も穢物もことことく大海にながれいづるもの也、そのながれよる大海よりものを淸むる鹽のいづるも妙なるものならずや、これらのことはいまた西洋人のしらぬこと也、これは一卷にいへる稻と人と反對せることの如く、淨不淨いりかはる道理也、稻と人と反對せることとわりなどさらくに西洋の窮理家のおもひもよらぬわが神國の神理なり、

わか神理をとくを聞て和蘭の窮理によることゝ思ふ人もあるは和蘭

の學をしらぬ人のいふことにていたくたがへり、天文測量はその測量にしたがひていへど、人類動物の窮理はわが神典の究理也、さらに混るゝものにあらず世人大かた理をしらず理をいへば唐また蘭の事とおもふ也、それらにまされる理説のわが國にあることをしらぬ人こそつたなけれ、

さてその火山にて燒失ふといふもおもしろき説なれど、それはわが古傳に考ふる所ろなし、おもふにこれは西洋人の考へいでたる説とはおぼえず、これは大國主神の御子百八十神のうち又少彥名神の部屬の神かのあたりをひらきたまへりとおぼゆれば、それらの神の遺傳をきゝもたりていへるものならん、さらはわが古傳にそのことなしとてすつべきにあらず、わが日本には火山すくなし、わが國の穢物もその火山おはきアフリカ州あたりまでさすらへゆきてさて海底に入てやかるゝものなるべし、これはかたちある穢なり、かたちなき罪咎災もまた天津祝詞の功によりて海にいりさすらひうしなふものなるべし、さてその穢物と罪けがれとを對してわが神傳の世

界萬國のをしへにすぐれて高きことをしるべし、ことながけれどこゝにいひあらはして外國のをしへにまとひをる人の心のけがれをはらひながしてんとす、さてわが國の神傳は、此天地をつくりたまへるもとつ神の傳にしてそのはじめよりかたちある世界とかたちなき世界とをわかち、かたちある世界をかたちなき世界よりたすけしめ給へるもの也、このことを外國の人しらずしてさま〴〵の說をいふ也、たえてしらぬにはあらずわが古への神のわたりてそのむねをもをしへおきたまへるによりしりてはあれどおのれらの心にわからぬかたあるによりそれをもいひかすめてかたちなき世界ありといふは古へのひらけざりし世のことにてなしといふこそかしこけれど、やう〳〵いひ思ふよとなり來にけるはあさましきこと也、その說を此國に傳へてこの國の人もかたちなき世界はなきものとこゝろえかたちなき世界のありといふわが國のまさしき古傳說をいつはりごとゝおもひ、またかこつけことゝ見て信せぬなり、

いまの儒者は大かた無鬼論を執してかたちなき世界をすべてなしと

するものなり、儒者ならてもなまさかしきものはみなかたちなき世界のあることを信せず

身はかたちありて心はかたちなし、かたちなきこゝろはかたちなき世界にしたがひ、かたちある身はかたちある世界にしたがふことすなはなるわが古傳にしてしひたるものにあらず

かたちなき心をもかたちある世界にとゞめてかたちなき世界へやらぬは儒者のつねなり、これはしひてやらじとするもの也、

かたちなき世界に善悪あり、高天原はかたちなき善世界なり、黄泉國はかたちなき悪世界也、この地球上の人心は善を高しとし悪をひくしとする世界也、清きは善につき穢は悪につけり、これにより人は清きことをこのみてきたなきことをきらふ、穢悪は地底よりおこるものなり、その地底よりおこる穢悪を海にやるは地底へかへすしわざ也、地底よりおこるものは穢悪のみにあらず清善なるものもまた地底よりおこる也、地底よりおこる清善は水なり、水はかたちありて穢悪はかたちなし、人身はまたこれに反してかたち

ある穢を身よりいだして清善をうちにたくはひたるものなり、この反對の理に達せざれバ祓の旨を得がたかるへし、

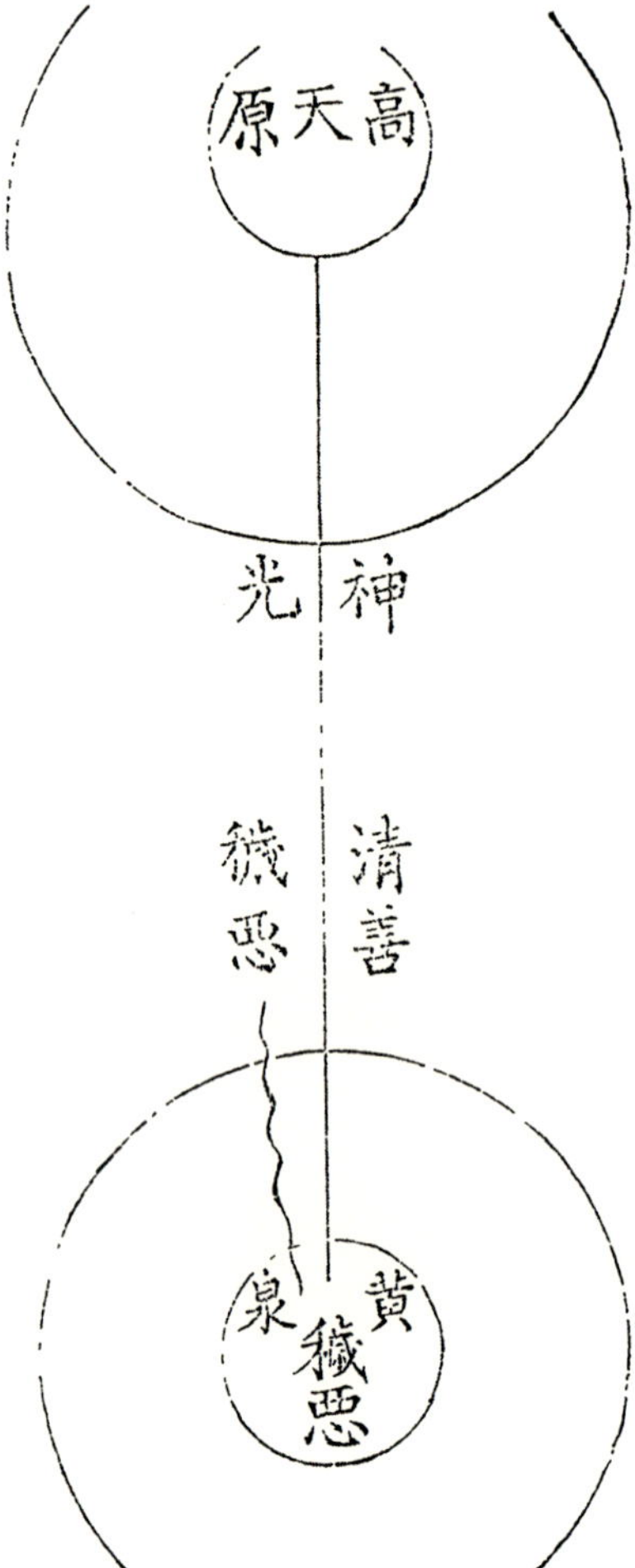

高天原の神光地球を照して地底の清善をひきおこすとき地底の穢悪その清善をおしいだすもの也、夜陰にいたりて穢悪れのづからおこりて人のこゝろにいりて人の心の清善をみたるものなり、これを人はおそれつゝしむべきものになん、

大小便膿瘡汗唾これらみな人身中の穢物なり、これをれしいだすものは清善の靈氣中にある故也、地球底の穢惡の清善をれしいだすに反せるもの也、地底よりれしいださるゝ清善の水その人身よりいづる穢物をそゝぎて海に入る大機關《オホカラクリ》いと巧《タクミ》なるものにあらずや、これは人の目に見るところなり、人の目に見えざるものは黄泉の穢惡にてこれを人身よりれしいだし、かの清善の水にたゞへて大海にやることとそのうへの巧《タクミ》なり、されば祓の旨は心中に清善の靈氣をみたしめ、トホカミヱミタメの五ッの神言にこれまで

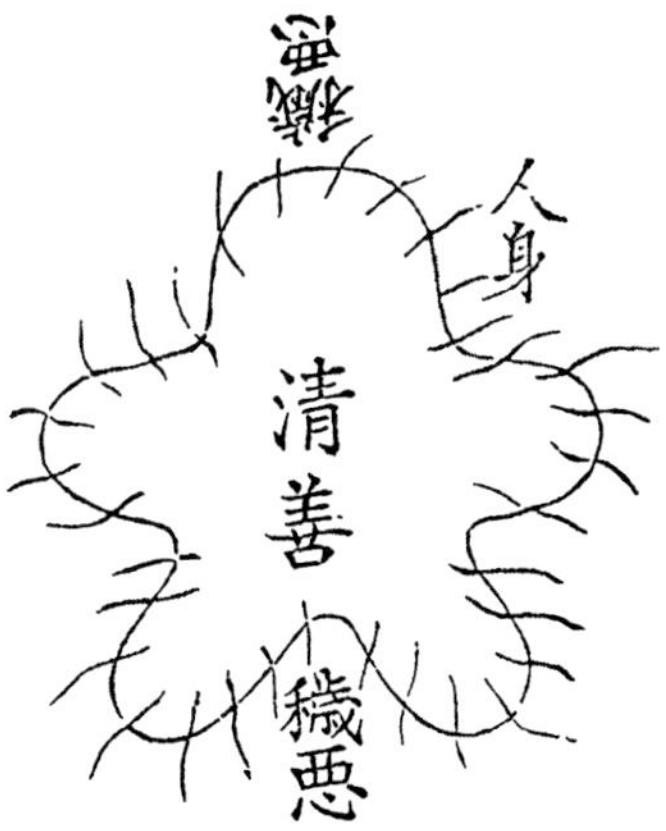

の穢惡の心をうつしてれしいだし、その息を祓物にふきかけ、それをまた大ぬさにうつして清善の川水にながすとき、それをこの瀬織津比咩神うけとりて大海の原へれしいたすなり、瀬織津比咩ハ八十禍津日神の亦の御名にて伊頭能賣神これ也、八十禍津日神ハもと天照大御神ハ荒御靈にして迦具土神のわけ御靈なり、

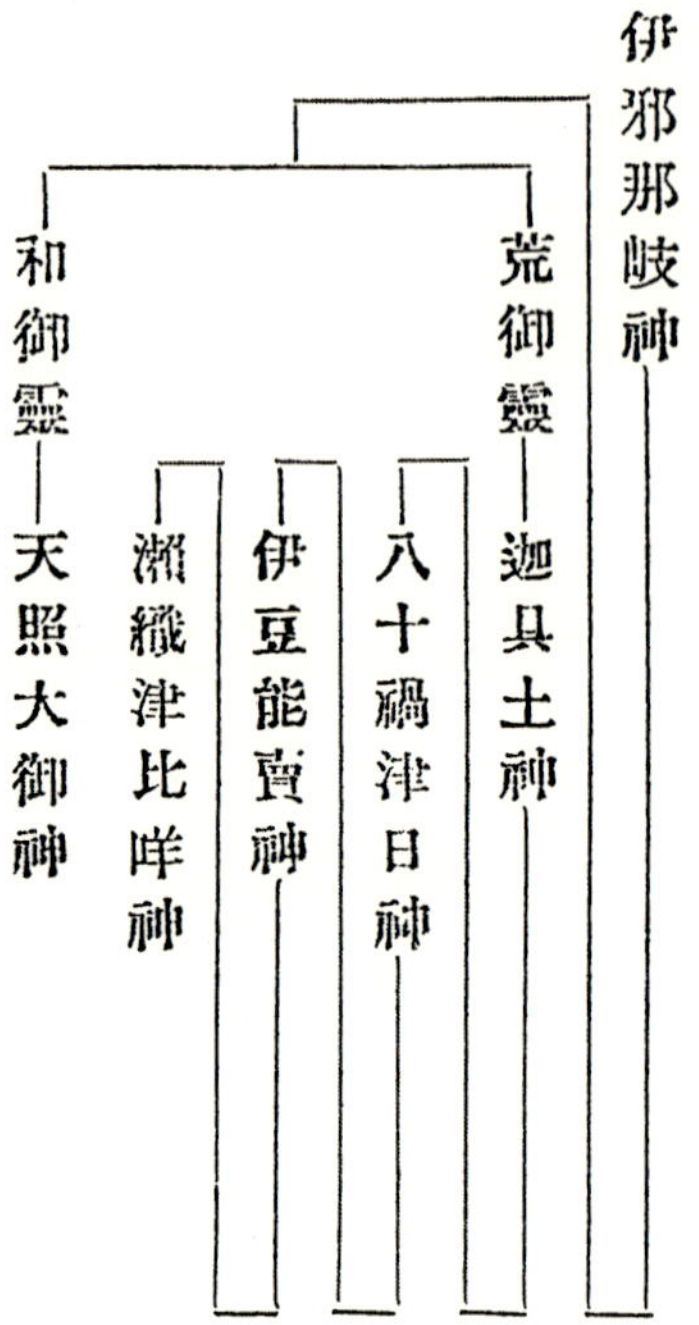

迦具土神ハきられ給ひてその血よろつのものにいりたまへるときその和御靈ハ伊邪那岐命の御眼にいりひそみておはしけるが、後に天照大神とお

らはれたまへるものになむ、そのあら御靈は伊邪那美命にそひて黄泉の國にいりてはしけるが又伊邪那岐命の御身にそひて地球上へあらはれ身そぎにいたりて八十禍津日神とあらはれたまへるものになむその禍の直毘神の直毘によりてなはりたるを伊豆能賣神といふ、伊豆能賣は君父夫のために力をつくし、すべて善事に勇猛なるをいふ、善事に勇猛なるにより世人の心の穢惡をひきうけて海上へうつしやり給ふことをむねとつとめたまふなり、惡人の惡をひるがへして善人となりたる人の靈はかならず此神の部下の神となりて諸國の川瀬に魂《タマシヒ》をとゝめて穢惡を大海へおくりいだす、そのわざをいたづきてあるなるべし、

血は身肉にありては穢物にあらず、身より外へあらはるれば穢物となる、その穢物となりたるを清善の水これを洗ひながす也、人身も靈氣とゝまりてあるうちは穢物にあらず、靈氣はなるれは穢物となるなりこれによりて人の靈氣の清善なることをさとるべし

せたり　は伊邪那岐神の故事によるにあらず、川瀬に降居て罪穢を海中へ

もちいださんとまちておはします御靈をさして瀬織津比咩といへるものなり、

如《か》此《く》持《もち》出《いで》往《いな》波《ば》荒《あら》鹽《しほ》之《の》鹽《しほ》乃《の》八《や》百《ほ》道《ち》乃《の》八《や》鹽《しほ》道《ち》乃《の》鹽《しほ》乃《の》八《や》百《ほ》會《あひ》爾《に》座《ま》須《す》速《はや》開《あき》都《つ》比《ひ》咩《め》止《と》云《いふ》神《かみ》持《もち》可《か》可・天《のみ》氐《て》武《む》

右第七段

荒鹽といふはうぶの鹽にていまだやかざるしほをいふ燒きたるしほもけがれを淸むるもの也荒鹽もまたけがれをきよむる德あり、鹽の八百道といへるは鹽にしほおわりて八《ヤ》百《ホ》といふばかりひろきをいへる也上筒男中筒男底筒男、墨之江三前の大神をつゝをといふはつ道《チ》をといふこと也、上筒男は表津道男、中筒男は中津道男、底筒男は底津道男也、表津道は船のとはるところ也、中つゝは魚のとはるところ也、そこつゝは神のとほり給ふところなり、上中下三段にわかれてまた四方八方わかれにわかれて八百道となりてあるもの也、八百會はみちのあふところごとに御靈をわけておはします神といふこゝろ也、先川よりなかれて海にいるところも八百會のひとつ也、島にせかれてふたつにわかれたる鹽の島をすぎてひとつにあふところも八百會のひとつなり、海の底に潮のいりこむところあり、阿波の鳴戸、周防の大島の鳴戸、伊與の久留島の瀬戸など、これ也、これもまた八百會のひとつなり、すべてしほみちのあふところごとにおはします神なるによりかくのごとくいへるなり、しかとく故は古事記に次生海神名大綿津見神次生水戸神名速秋津日子神次妹速秋津比賣神とあるにより此文にあはせてかくのごとくとける也、海の神の次になりませる水戸の神にてみなとは河水の海にいるところをもとにてしほのやはあひをこと〴〵くしります神とおぼえたり、かの鳴戸のたぐひ海底より地底へいる水門《ミナト》なり後釋に古事記に水戸神とあるをこゝに鹽の八百會にますといへるはいたく處たがひたれどもこれに深きよしあり、そはしほの八百會はこの顯國の海上の堺にて根國の方へ潮の沒往門口《イリユクトクチ》なればこれはまた彼方の水戸也、常にいふ水戸は川より海へ水のいづる口、鹽の八百會ハ海より入て根國の方へ水の出る口なれば此方にて川よりいづる處と、彼方へ出るところとの差《タガヒ》こそあれ、ともに同しく水戸なる古傳の趣の妙なることかくのことしよく〳〵味ふべしとあるはめでたし、この翁の説にてこれらはことにすぐれたり、碌々たる學者のいひいづへき口氣にあらず、よく和語の旨に達したる説なり、

されど安賦つといづと同言也などとかれしはをさなし、いづとおきつといかで同言なるべき、いつの賣神と秋津比賣神とれおひわたらぬ神也、これを混してとかれたるれわろし、

かゞのむはとゝてはりなく呑《カム》といふこととなるべし、とゞこばりなきことをかゞといひけん、利の字はとゝこはらぬことをいふ文字にてカゞとよめればなり足利などこれなり、水戸はいつれせはきところなり、そこをとほりこすを利呑《カヾム》といへるものならむ、下痢の痢の字をもおもふへし、速開もかゝの心なり、

如《か》此久《く》可《か》可・呑《のみ》氐《て》波《は》氣《い》吹《ふき》戸《ど》爾《に》坐《ま》須《す》氣《い》吹《ふき》戸《ど》主《ぬし》止《と》云《いふ》神《かみ》根《ねの》國《くに》底《そこ》之《の》國《くに》爾《に》氣《い》吹《ふき》放《はなち》氐《て》武《む》

右第八段

前に鹽の八百道のやしほぢのといへる文にてとはくその穢の海路をゆくさまの見えたればこのがゞのむところハ大西洋にやあるらん、さらハこの氣吹戸をアフリカ地方の火山とみるべきなり、さて底國ハ月をさし、根國ハ地胎にある黄泉國をさすなるべし、經星天より緯星天の日輪より地球をいだし、地球より月をいだせるを底《ソコ》とす、是により月を底國といへるもの也、黄泉國ハ地の底津岩根の又したにある根國也、このとき此處にてふきわけて罪穢を地底にわかち、月球へわかちふたかたにわかちて罪穢をなくなすをいへるものなり、倭姫命世記に多賀宮一坐豐受ノ荒魂也伊弉那岐神所生神名伊吹戸主亦名曰神直日大直日神」と見えたり、後釋にも豐受荒魂といふことをうたがはれたり、平田先生ハ天照大神の和魂にせられたり、隆正ハまた世記の文のまゝに八十禍津日を天照大神の荒魂に、神直日神を豊受姫命の荒魂とおもひてあるなり、豊受姫命ハ迦具土神の埴山姫神にみあひまして生ませる御子和久産巣日神の御子なり、志かれハ豊受大神ハ火と屎とのあはひよりなりませる神にて屎は顯露の穢物也、火山を氣吹戸として穢物をやき失ひ給ふ理によくかなへり、

如此《かく》久《く》氣《い》吹《ふき》放《はなち》氐《て》波《は》根國《ねのくに》底之國《そこのくに》爾《に》坐《ます》速佐《はやさ》須良比咩《すらひめ》登《と》云《いふ》神《かみ》持《もち》放《さ》須良比《すらひ》失《うしなひ》氐《て》牟《む》

右第九段

根國にも底國にも速佐須良比咩は御靈をわかちておはしまユウ也、そのよしは簸川社記進雄神退二根國一給御名八束髮早佐須良比神ト奉レ申也とありてこの神は月と海底とにたちわかれて志ほの滿干をつかさどりおはします、さす

とはしほのさすをいひ、らひハひくをいふ、さしてハひき、ひきてハさし、とゞまるところのさだまらぬをさすらひといふなり、しほのみちひハ黄泉國と月、國とにわかれおはします、此神のしわざにてそのしほの滿干にしたがひてその罪咎をなくなし給ふをかくいへる也、此四柱の神の御名のこゝろをよくとくときははらへのむねもわかり、此天地の大機關の次第もわかるなり、よく此文に心をつけて見るへき也、

古史神代系圖に速佐須良比賣神此者持失穢神也洗給御鼻時生坐焉與須佐之男命合力而坐給也とあり

如此《か》久《く》失《うしなひ》氐《て》波《は》天皇《すめら》我《が》朝廷《みかど》爾《に》仕奉《つかへまつ》留《る》官官《つかさ〴〵の》人等《ひとたち》乎《を》始《はじめ》氐《て》天下四方《あめのしたよも》爾《に》波《は》自今日《けふより》始《はじめ》氐《て》罪《つみ》

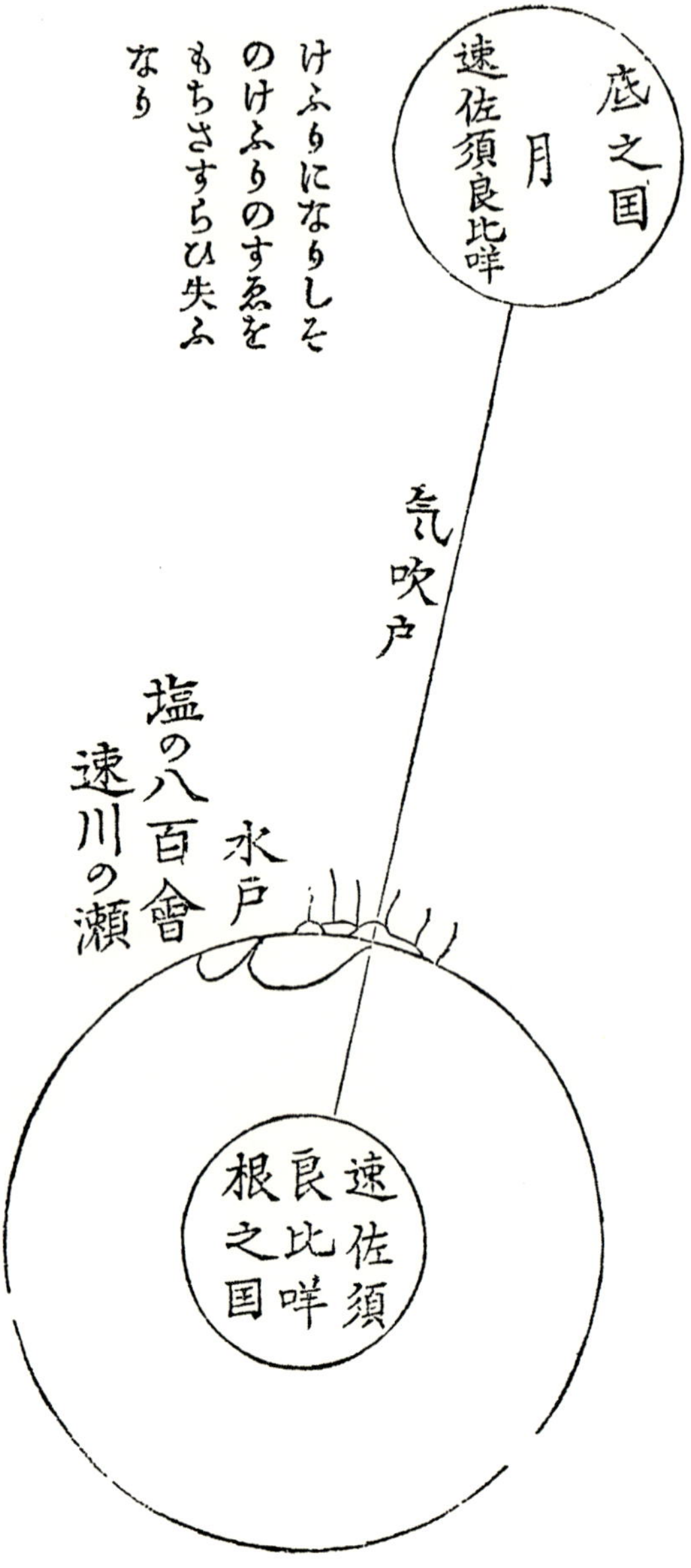

止《と》云《い》布《ふ》罪《つみ》波《は》不在《あらじ》止《と》高天原《たかまのはら》爾《に》耳振立《みふりたて》聞物《きくもの》止《と》馬牽立《うまひきたて》氏今年《ことしの》六月《みなつきの》晦日《ゝそかの》夕日《いふひ》之《の》降《くだち》乃《の》大《おほ》祓《はらへ》爾《に》祓《はらひ》給《たま》比《ひ》清《きよめ》給《たまふ》事《こと》乎《を》諸《もろ〳〵》聞食《きこしめせ》止《と》宣《のる》

祓へのわざにより罪穢災をかくのことく失ひたらんうへは、天皇の朝廷を四方の中央として仕奉る官々の人たちをはじめて仕へまつらぬ天下四方の人までもきのふまでの罪けがれなくなるにより罪といふ罪ハこの地球上にあらじと高天原に耳振立て聞物としてはらへつもの丶馬ひきたて丶今年の六月晦の夕日のくたちの大祓にはらへ給ひ清め給ふことをつとへるもろ〳〵の人々聞食と大中臣かこれをのる也、高天原に耳ふりたて丶といふハ馬だに聞物を人いましてといふたはふれの文なり、すへて古文にハか丶るたはふれもをり〳〵あることにてそれにてやはらきておもしろき也、高天原にもと丶くまでといふことに耳をたか〳〵そはたて丶聞ものといふがやがてたはふれなり、今年六月晦日といふにつきわが故友岡熊臣のめずらしき考あり、毎月晦日には大地と月と相會て月は大地の眞裏にかくれて見えずなりぬ、そのをりしもこの大祓して罪穢を鹽の八百會にはらひやればしはの引まゝにかの八百會よりいふき戸に氣吹はなちて根底の國にぞきえゆくなる、されば毎晦の潮汐は朝卯刻に滿て晝午刻にむなしく晩の酉刻に滿て夜子刻に干るなり、これ大地と月と全く相合て天日の爲に相襲るゝ故也、まことに海汐にたぐへて本元の夜見方にかへしつかはしやるわざなれば此日の夕を用ゐはじめけん、太古の神法幽に天地月の妙趣に合ひていひもえがたき御定制也けり」といへり、これは玉の眞柱によりていはれたる説なれど六月晦の説はいかにもおもしろし、是によりておのが説に合せ圖をつくりて示す、

はらへをすればすなはち鹽の八百會までながれてたゝちにとゞくべきにいあらねど、まづそのときにはらへしたるがよくとゞくことわりなるべし、

四《よ》國《くにの》卜《うら》部《べ》等《ども》大《おほに》川《かはの》道《ち》爾《に》持《もち》退《まかり》出《いで》氐《て》祓《はらへ》却《やれ》止《と》宣《のる》

四國の卜部とは山城壹岐對馬伊豆の卜部なり、これはトホカミヱミタメの卜事にあづかるものなるにより、この大祓にもいでゝもはらかゝるわざにいたづけることゝおぼえたり、大川道は加茂川桂川をいふなるべし、それよ

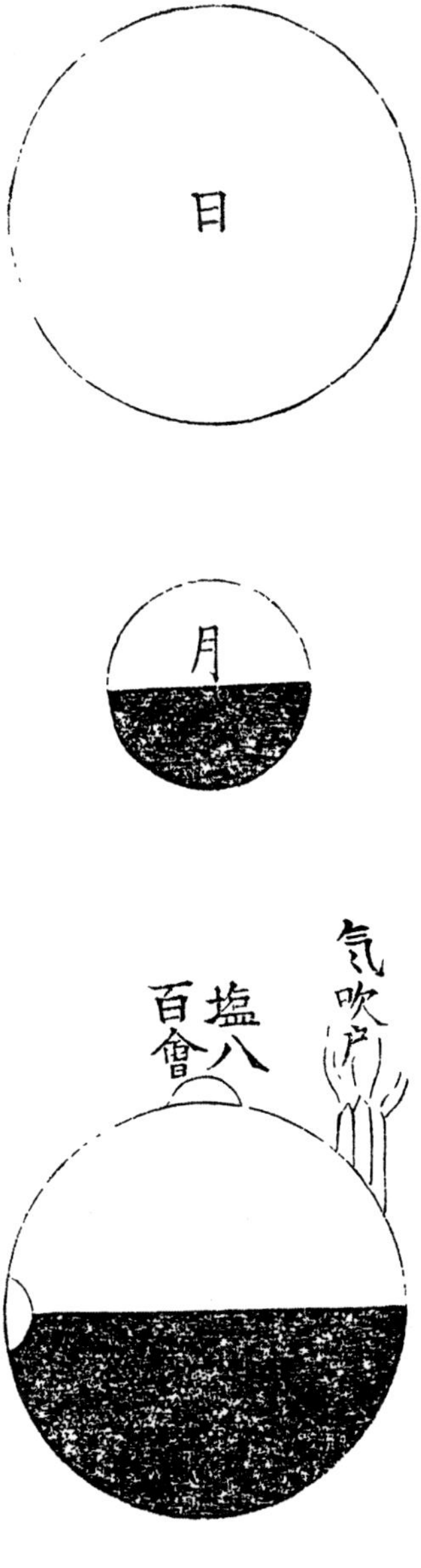

日本晦日之夕日之降

り淀川へ流しやるにて、大和の都にても、みやこちかき大川道にもちまかりいでゝはらへやるたりけん、そはかの大麻をもとしてはらへつものをもちいでしなり、さてその大ぬさをむねとして流しすてたるなり、そのほかの祓物は神部のものわかちとりけんかし、馬など川にながしすつべきものにはあらず

天都詔詞太詔詞考四 終

明治三十三年九月廿四日印刷
明治三十三年九月廿八日發行

（定價金六拾錢）

著作權登錄濟

著者 大國隆正

相續人
發行者 大國照正
東京市麹町區四番町十五番地

印刷者 近藤圭造
東京市麹町區飯田町五丁目廿六番地

發賣所 近藤活版所
東京市麹町區飯田町五丁目廿六番地

賣捌所
吉川半七
東京市京橋區南傳馬町二丁目
林平次郎
東京市日本橋區通二丁目
岡崎屋
東京市神田區雉子町

解題

武田崇元

本書は、平田篤胤『天津祝詞考《あまつのりとこう》』および、大国隆正『天都詔詞太詔詞考《あまつのりとふとのりとこう》』を復刻したものである。『天津祝詞考』は文化十二年の脱稿で、『大祓太祝詞考』『大祓太詔刀考』とも称するが、刊年不明の同題の木版本を底本とした。

『天都詔詞太詔詞考』は嘉永四年以降の成立とみられ、久しく写本にて伝来したが、明治三十三年に福羽美静の校訂で活字本として刊行された。本書はこれを底本とした。

以上の二書はいずれも、大祓詞中の「天津祝詞の太祝詞事」について論じたものである。

周知のように、大祓は百官以下万民の罪穢を祓い清める神道儀礼で、毎年六月、十二月の晦日には朝廷恒例の行事として行われ、大嘗会《だいじょうえ》、斎院・斎宮の卜定、もしくは疾病流行、妖星出現、災害異変に際しても臨時に行われた。その神話的起源は、伊弉諾尊《いざなぎのみこと》が黄泉国《よもつくに》より帰り、筑紫の日向《ひむか》の橘《たちばな》の小戸《おど》の阿波岐原《あわぎはら》で禊をしたこと、また千座置戸《ちくらのおきど》を科されての素戔嗚尊《すさのおのみこと》の贖罪にはじまるとされる。

大祓詞は大祓に際して中臣氏が唱えたもので、中臣祓詞、中臣祭文、中臣祓とも称される。天孫降臨の古事から説き起こし、人々の犯したあらゆる罪穢が、川から海へ、そして根の国底の国へと吹きやられ浄化される流麗壮大ともいうべきそのビジョンは、古代人の神道的世界観の精華として、早くから大祓儀礼とは独立して別個にも唱えられ、朝廷の大祓儀礼が途絶したのちも、最重要の神道経典として珍重され、中世には仏教の祈祷巻数に擬して、千度祓、万度祓などが盛行、伊勢、卜部など各流派による秘教的解釈が行われるに至った。

さて、大祓詞は前段、後段にわかれ、前段の最後に「天津祝詞の太祝詞事を宣《の》れ」とあり、後段は「如此《かく》宣《の》らば」ではじまる。

この「天津祝詞の太祝詞事」をめぐってはおおむね二つの説がある。

一は「大祓詞」そのもの、あるいはその一部を指すという説である。本居宣長『大祓詞後釈』、賀茂真淵『祝詞考』はいずれもこの説を唱え、国家神道を経て今日の神社神道系の神道教学においてはこれが通説となっている。

これに対して、大祓詞とは別に神代より伝わる特殊の秘詞、秘呪があったという説がある。

本書収録の平田篤胤『天津祝詞考』は、「如此宣らば」とある以上はそこに必ず宣るべき別の祝詞があったはずであるとした。それは「天御祖《あまつみおや》命《のみこと》の大御口づから伝え坐せる」「祓戸神《はらひどのかみ》たちに祈白《のみまを》す詞」であったが、とくに重秘の詞であるため延喜式には省略された。そのうえで篤胤は、世に「身曽岐《みそぎ》祓詞」として伝えられる祝詞こそが太祝詞であろうとし、ただしは時代の変遷とともにかれこれ誤れる詞が混入しているとして、五種の「身曽岐祓詞」を考証し、正文を策定するのである。

明治以降、いくつかの教派神道や大本系教団において、「身曽岐祓詞」の系譜を引く祝詞を「天津祝詞」

と称して奉唱するのは、おそらく本書の影響かと思われるが、そこでは篤胤が意図した大祓詞に伴う「太祝詞」という概念は失われ、独立した祝詞として唱えられている。

大国隆正『天都詔詞太詔詞考』は、平安中期の藤原行成《ふじわらのゆきなり》『権記《ごんき》』に「未だ太宣を読まざるの前、先に中臣をして祓詞を読ましむ」とあることから、「ふとのりと」と「はらへののりと」は明らかに異なるものであると論じたうえで、太占の「ト、ホ、カミ、エミ、タメ」の五つの神言こそが「ふとのりと」であるとする。

大国によれば、太占はイザナギ・イザナミ二神が蛭子を流してのち、天上に登って大命を乞うたときに天神が授けたものである（『日本書紀』神代大八洲生成章の第一の一書）。その太占に「まちがた」というものがあり、「くしまち」ともいうが、これには名があり「ト、ホ、カミ、エミ、タメ」という。これは天上の元神が、地上を造りなしたナギ・ナミ二神に授けた神言であるが、『延喜式神名帳』に左京二条に坐す神社二坐として「太詔戸命神《ふとのとのみことのかみ》」「久慈真智命神《くしまちのみことのかみ》」とあることから、この神言こそが「天都詔詞太詔詞」であるとしたのである。

本書において大国は、この太占の「まちがた」の形象的意味について詳細に論じ、さらに大祓詞の全段にわたり註釈を試みる。ちなみに本書の後、安政二年成立の『本学挙要』においては、本教の核心は「天都詔詞太詔詞」であるとし、「ト、ホ、カミ、エミ、タメ」と太占の「まちがた」を中心にする教説の体系化を試みている。

ちなみに本田親徳《ほんだちかあつ》と交流のあった大畑春国は大国隆正の弟子であり、弊社刊『本田親徳全集』付録に所収のその著「亀卜雑記」には「我師大国隆正翁独リ出群セラレテ、世ノ傑人ニハ遥ニ打越テ一層高キ発明ノ説ヲ立テ論ラク、今ト部家ニ伝ル亀トハ古伝ノ太占ニシテ外来ノモノニ非ズ。トホカミエミタメハ真ノ天津詔戸太祝詞ニシテ、天下ニ斗リ貴キ詞ハアラヌナリト云ハレタリキ」とあり、この師説に感動し、太占古伝の研究・再興を志したと述べている。

近代神道制度史研究の文脈においては、大国隆正＝津和野派の国学は、幽冥を重視する平田派に対して、後期水戸学と近似した「皇祖神アマテラス・天皇に一元的に整序された顕教的言説」（桂島宣弘）という側面が強調され、国家神道との連続性の文脈で語られる傾向があるが、その一方では必ずしも体制化される国家神道には回収されえない秘教的側面を内在させていたことは興味深い。今後の研究が待たれる次第である。

天津祝詞考／天都詔詞太詔詞考

平成十九年十月十二日　復刻版第一刷発行
令和　六　年三月二十七日　復刻版第三刷発行

著　者　平田篤胤・大国隆正

発行所　八幡書店
東京都品川区平塚二―一―十六
KKビル五階
電話　〇三（三七八五）〇八八一
振替　〇〇一八〇―一―四七二七六三

ISBN978-4-89350-653-5 C0014 ¥3400E